KB179352

# 동유라시아 생태환경사

우에다 마코토 지음
임성모 옮김

어문학사

*HIGASHI YURASHIA NO SEITAIKANKYOSHI* by MAKOTO UEDA

Copyright © 2006 by MAKOTO UEDA

All rights reserved.

Korean edition copyright © 2013 by Amunhaksa

Original Japanese edition published by Yamakawa Publishing Company

Korean translation rights arranged with Yamakawa Publishing Company

through TN1 International.

이 책의 한국어판 저작권은 TN1 International을 통한 Yamakawa Publishing Company와의 독점계약으로 한국어 판권을 '도서출판 어문학사'가 소유합니다. 저작권법에 의하여 한국 내에서 보호를 받는 저작물이므로 무단 전재 및 복제를 금합니다.

## 차례

# 한국어판 서문

## 한국의 독자 여러분께

이 책의 제목에 사용된 '동유라시아'라는 용어는, 지리학적인 공간적 틀로 사용된 적은 있지만 일본의 인문사회과학 관련 서적의 제목에 사용된 것은 내가 아는 한 이 책이 처음이다. 인터넷으로 검색해 보니 한국 학계에서도 '동유라시아'라는 용어는 일반적으로 쓰이지 않는다. 한국지형학회가 한국지질자원연구원과 공동으로 개최한 '동유라시아 국제워크숍' 등이 있지만 워크숍의 내용은 지학에 관한 것일 뿐 역사학의 영역에 속하지는 않는다.

내가 이 '동유라시아'라는 말을 처음 사용한 것은 졸저 『바다와 제국』(고단샤講談社, 2005)에서였다. 이듬해에 야마카와출판사에서 이 책을 출판한 뒤로 '동유라시아'라는 용어는 일본 학계에 서서히 확산되고 있다. 예컨대 2014년 센슈(專修)대학에 '고대 동유라시아 연구센터'가 설립된 사례, 또 모리베 유타카(森部豊) 씨가 편집한 논문집 『소그드인과 동유라시아의 문화교섭』(벤세이슛판勉誠出版,

2014) 등이 간행된 사례가 있다. 센슈대학 연구센터의 전신은 '동아시아세계사 연구센터'였고, 모리베 씨의 편저에는 "초원세계로부터 중국 동쪽 끝에 걸친 유라시아 지역을 이주하면서 교역활동을 했던 소그드인의 …… 동방(東方) 활동을 통해서 중국사를 상대화하고 새로운 동유라시아 세계사를 구축한다"고 되어 있어서, 이 공간 개념이 종래의 중국을 중심으로 한 '동아시아'라는 인식틀을 뛰어넘는 개념으로 의식되었음을 알 수 있다.

고단샤의 『중국의 역사』 시리즈 가운데 명청 시대를 대상으로 했던 『바다와 제국』은 대부분 2004~05년에 가족과 함께 해외연구차 머물렀던 윈난의 성도 쿤밍에서 집필되었다. 윈난에서 중국의 역사를 구상하고 있을 때, 문득 쿤밍을 축으로 해서 세계를 조감해 보면 어떨까 하는 생각이 떠올라 지도 소프트웨어를 이용해 쿤밍을 중심으로 동심원을 그려보았더니 중국을 포함한 광활한 공간이 부상했다. 일본에서 중국사를 인식할 때 일반적으로 사용되는 '동아시아'라는 틀에 입각하면 한반도와 일본열도와 마주한 중국의 정면은 보이지만, 몽골 고원과 인도차이나 반도, 시베리아 고원 등과 마주한 측면은 간과되는 경향이 컸다. 비유적으로 말해 '동아시아'가 중국의 앞면이라면 그 등과 발밑은 못 보았던 것이다. 윈난을 중심에 놓음으로써 비로소 떠오른 공간은 중국을 전방위적으로 보는 시각을 제공해 준다. 이 공간에 대해 어떤 명칭을 붙일지 이런 저런 말을 떠올리다가 도달한 용어가 바로 '동유라시아'였던 것이다.



한국에서도 '동유라시아'라는 공간인식은 의미가 있으리라 생각한다. 종래 중국이나 일본과의 이항대립적인 사고가 아니라 더 넓은 틀에서 자국의 역사나 정치·외교를 발상할 근거를 제공하지 않을까 싶다. 역사에 한정해서 보자면, 한반도가 몽골 제국의 영향 아래 놓인 뒤로 그 사회와 문화는 중앙유라시아의 영향을 받았다. 또 고려와 조선 두 왕조는 일본을 매개로 하지 않고 류큐왕국과 직접적인 교류를 확대해온 역사가 있다. 아직 가설의 영역에 머물러 있지만, 제주도를 빠져나온 삼별초가 오키나와로 건너간 것이 류큐에서 본격적인 국가가 형성되기 시작한 계기 가운데 하나였다는 견해도 있다. 이 책처럼 물자의 역사를 전개한다면 조선왕조 시기에 고추가 퍼지기 전에 동남아시아산 후추가 류큐 등지를 경유해 수입된 사실을 파헤치는 것 같은 테마가 고찰될 수 있을 것이다. 현대 한국의 외교와 경제에 대해서도 동아시아라는 문맥에서 곧장 글로벌 차원으로 비약하는 것이 아니라 그 중간항으로서 동남아시아·중앙아시아·시베리아 등을 조감하는 동유라시아권을 설정하는 것은 의미 있는 시도가 될 것이다.



『바다와 제국』을 간행한 뒤에 저술한 이 책은 '동유라시아'라는 표제를 내걸었지만 실제 서술 범위는 윈난을 중심으로 인도차이나의 타이 왕국, 베트남, 티베트 고원의 라싸, 중국 동남부에 한정되어 있다. 말하자면 '육지의 동유라시아'를 조망한 셈이다. 빠진 부분을 보충하기 위해서 2013년에는 '바다의 동유라시아'를 묘사하고자 출간한 것이 졸저 『중국해역 신기루 왕국의 흥망』(고단샤)이었다. 이 책에는 고니시 유키나가(小西行長)를 주인공 삼아서 임진왜란을 서술한 장이 포함되어 있다. 동유라시아에서 활동하던 예수회 선교사들이 중국에 기독교를 포교할 좋은 기회로서 고니시 같은 크리스찬 다이묘(大名)의 한반도에서의 동향에 주목했었음을 지적한 바 있다. 다만 나 자신 조선왕조의 역사를 충분히 습득하고 있지 못해서

『조선왕조실록』을 맛보는 데 그쳤기 때문에 조선에서 본 왜란의 실태에 다가서지는 못했다.

육지와 바다를 포괄하는 동유라시아의 전체상을 규명하기 위해 거론한 물자가 바로 이 책의 「보론」으로 수록한 보패(寶貝)다. 이 테마는 올해 2월에 간행한 졸저 『화폐의 조건: 보패의 문명사』(지쿠마쇼보筑摩書房)에서 전면적으로 분석했다. 『화폐의 조건』은 이 책과 마찬가지로 물자를 통해서 본 역사다. 머지않은 장래에 이 졸저도 번역되어 독자 여러분과 다시 만날 수 있게 된다면 기쁘기 그지없을 것 같다.

2016년 11월 11일

도쿄에서

우에다 마코토

# 머리말: 버터차 한 잔에 피어오른 생태환경의 역사

East Eurasian Ecological History

1 티베트족: 중국 티베트 자치주를 중심으로, 윈난성 서북부, 칭하이성·간쑤성 남부, 쓰촨성 서부, 그리고 부탄과 네팔 등지에 거주하는 민족으로서, 현재 인구는 3백만 명 이상이며 지역적으로 차이가 크다. 윈난성 서북부에는 유사 이전부터 티베트족이 거주하고 있었다.

티베트족 가정을 방문하면 으레 대접받게 되는 차가 바로 버터차다.

그해 여름, 윈난성(雲南省)에는 비가 많이 내려서 곳곳이 피해를 봤다. 우리 가족이 윈난성 북서부를 방문했을 때, 윈난을 남북으로 관통하는 란창강(瀾滄江)은 물이 불어서 티베트 고원의 토사(土砂)를 대량으로 깎아내리며 소용돌이쳤다. 자연은 마치 계곡의 골을 더 깊게 만드는 작업에 여념이 없는 듯했다. 이제부터 찾아가려는 티베트족[1]의 류통강(溜洞江) 마을은 쇠사슬이 지탱하는 구름다리를 건너야만 접어들 수가 있다.

다리 위의 널빤지 틈새를 보니 강가에는 경문(經文)이 적힌 하얀 깃발이 격류를 견디고 있었다. 이 지역의 티베트족은 죽은 자의 시신을 강물에 떠내려 보낸다. 그들이 보기에 숨이 끊긴 신체는 낡아 빠진 옷과도 같아서 다른 생명에게 아무런 도움도 주지 못한다. 그래서 물고기 밥이라도 되면 공덕을 쌓게 되어 내세에 행운이 온다고 믿는다는 것이다.

퍼붓는 빗속에서 인기척 없는 마을을 지나갔다. 젊은이들은 산

▶ **윈난성 티베트족 마을에 설치된 구름다리** 찻잎을 교역하는 상인들이 출자하여 1947년에 가설한 것이다.

에 나기 시작한 동충하초(冬蟲夏草)를 캐려고 산속의 막사에서 생활하기 때문에 마을에는 노인과 아이들뿐이었다. 안내인이 평소에 잘 아는 집을 찾아가서 한 노파에게 말을 걸자 "아이고, 자네 오랜 만일세" 하며 반갑게 맞이해 주었다.



이 지방의 티베트족 집들은 돌을 쌓아올리고 진흙으로 틈새를 메워 다져서 튼튼한 바깥 테두리를 만든 뒤 그 속에 나무로 짜 맞춘 삼 층짜리 거주공간을 꾸미고 있다. 입구가 있는 층에 거실이 자리 잡고 있는데, 방바닥에 만든 취사·난방용 화로에서 피어오르는 연기는 위층을 관통하는 굴뚝이 빨아들인다. 계단을 내려가면 아래층에 소나 돼지를 키운다. 위층 귀퉁이에는 경전을 보관하고 불사(佛事)를 지내는 경당(經堂)이 있고 보살이 그려진 탕카가 걸려 있다. 통나무에 발 디딜 곳을 깎아놓았을 뿐인 좁은 계단을 올라가 옥상층으로 나가보니 오두막 같은 곳에 건초더미가 쌓여 있다. 딱딱해 보이는 겉모습과는 달리 집 안은 좀 어둡긴 해도 목재가 넉넉히 사용되었고 대들보와 기둥이 기하학 문양으로 조각되어 있어서 방문객을 따뜻하게 보듬어 준다.

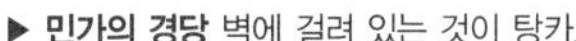

▶ **민가의 경당** 벽에 걸려 있는 것이 탕카.

▶ **윈난성 티베트족의 민가**

"지금 집에 손주들만 있어서 대접할 게 아무것도 없어" 하고 미안한 듯 말을 건네며 노파는 방 한 귀퉁이에 걸려 있던 사용한 지 꽤 오래된 나무통을 들고서는 선반에서 벽돌처럼 굳어진 찻잎을 끄집어내 손으로 뜯어 넣은 뒤에 화로의 삼각대 위에서 조용히 끓고 있던, 그을려서 까매진 구리 주전자의 뜨거운 물을 부었다. 휘젓는 막대기를 통 속에 넣고서 접시에 담긴 버터 한 움큼과 소금 두 스푼 정도를 집어넣는다. 노파는 익숙한 손놀림으로 막대기를 잡고서는 삭삭 기분 좋은 소리를 내면서, 찻잎에 물이 스며들 때까지 천천히 젓다가 찻잎이 불어날 정도가 되고 나서는 힘을 줘서 젓기 시작했다.

차와 버터와 소금이 딱 맞게 섞였을 때, 김이 피어오르는 나무통을 기울여 차를 거르는 쇠 조리를 씌운 뚜껑 없는 찻주전자에 차를 붓는다. 그러고 나서 주전자를 들고 우리 일행의 찻잔 하나하나에 차를 따라 나눠주었다. 윈난 티베트어로는 '차페지아', 중국어로는 '쑤여우차(酥油茶)'라고 불리는 버터차였다.

현지어로 차를 휘젓는 통은 '스라', 찻주전자는 '쥬'라고 한다. 스라를 사용해서 차를 넣는 것은 사람 수가 많을 때나 귀한 손님을

▶ 스라(차 통)와 쥬(찻주전자)

▶ 화로

맞이할 때뿐이고, 일상생활에서는 쥬에 더운 물을 붓고 화로에 올려 끓인 뒤에 찻잎과 버터, 그리고 소금을 넣어 찻솔 같은 것으로 젓는다고 한다.

버터차는 약간 짠 밀크티와 비슷한 맛이라서 익숙하지 않을 경우 '소금 대신 설탕을 넣으면 더 맛있을 텐데' 하고 느낄 수도 있다. 하지만 서너 번 마시다 보면 소금을 넣고 먹어도 그리 나쁘지 않게 된다. 가축을 몰고 산과 들에서 약초를 캐는 생활을 하자면, 찻잎에 들어 있는 비타민과 버터의 칼로리, 그리고 땀으로 잃어버린 염분을 보급하는 데 있어서 버터차는 빠뜨릴 수 없는 먹거리일 것이다. "멀리서 온 분들인데 어째 이 차가 입에 맞는가 봐" 하고, 감칠맛 나게 차를 마시고 있는 우리를 바라보는 노파의 눈망울은 기쁜 듯이 웃고 있었다.

차를 마시면서 생각했다. 버터는 이 집에서 직접 만들지만, 찻잎과 소금은 윈난성 서북부에는 나지 않는다. 더운 물을 끓이고 있는 구리 주전자도 외부에서 가져온 것일 게다. 버터, 찻잎, 소금, 그리고 물을 담은 구리 주전자는 각각 어떻게 만들어져서 어떤 루트를

2 동유라시아: 14세기 이후의 아시아 역사를 연구하는 가운데 형성된 지리적 범위. 종래의 지역구분에 따른 북동아시아, 동아시아, 몽골, 동남아시아 및 인도 동북부를 포함한다. 이 책 101~102쪽 참조.

3 생태환경사: ecological history의 번역어. 환경사(environmental history)가 인간과 자연의 영역을 구별하고 상호관계를 고찰하는 역사학인데 반해서, 생태환경사는 인간과 자연을 관통하여 흘러가는 물질과 에너지의 흐름에 주목하여 전체를 하나의 시스템으로 파악한다. 이 책 119~122쪽 참조.

따라 지금 이 한 잔의 버터차 향기를 빚어내고 있는 것일까? 이런 의문에 답하려면 생태환경과 인간의 관계를 주시하면서 장대한 교역의 발자취를 더듬어볼 필요가 있을 것이다.

향기로운 버터차 한 잔을 홀짝이며 나의 뇌리에는 동(東)유라시아[2] 생태환경사[3]라는 큰 틀이 점차 모습을 드러내기 시작했다.

●— 이 책과 관련된 윈난성의 지명

●— **쑹찬린사(松贊林寺)** 윈난성에서 가장 큰 티베트 불교 사원. 겔룩파의 거점 중 하나.

●— **시프송판나** 멍하이 현에 있는 상좌부 불교의 불탑.

●— **홍성사(弘聖寺) 탑** 대리국(938~1253) 시대에 세워진 높이 43.87미터의 불탑.

# Ⅰ. 차마고도와 보이차 : 차의 생태환경사

4 학명: 생물에 부여된 국제적으로 통일된 명칭. 스웨덴의 린네가 18세기에 확립한 명명법에 근거해서 속명+종명이라는 형태로 라틴어를 사용해 표기한다. 생태환경사 연구의 첫걸음은 사료에 나오는 생물의 명칭을 학명에 비정하는 데에서부터 시작된다.

5 조엽수: 여름에 비가 많은 아열대·온난대에 자생하는 상록홍엽수. 수분히 과도하게 증발하지 않도록 잎의 표면이 각피층으로 덮여 있어 반짝반짝 빛을 반사하기 때문에 '조엽'이라고 부른다.

6 아쌈주: 인도 북동부의 부탄 접경 지역. —역자





## 차수왕(茶樹王)을 찾아서

티베트인이 즐겨 마시는 차는 일본차에 비해서 떫고 쓰다. 차의 산지는 주로 윈난 남서부. 여기서 찻잎의 원료가 되는 차나무로는 네 종류가 있다. 그 중 하나는 일본의 차나무와 같아서 학명(學名)[4]을 카멜리아 시넨시스(*Camellia sinensis*)라고 한다. 이 라틴어를 직역하면 '차이나 동백나무'가 된다. 또 하나는 중국에서 다리차(大理茶)라고 부르는 카멜리아 탈리엔시스(*Camellia taliensis*)다. 그 밖에 허우저우차(厚軸茶 *Camellia crassicolumna*)와 다창차(大廠茶 *Camellia tachangensis*)가 있다. 이들 차나무는 모두 조엽수(照葉樹)[5]로서 인도 아쌈주[6]부터 윈난성에 걸친 습윤 온난 기후 지역에 펼쳐진 상록광엽수림에서 자생한다.

윈난에는 수령(樹齡)이 천 년도 넘은 차나무 고목을 지금도 산속에서 발견할 수 있다. 현지인들은 이들 나무에 존경심을 담아 '차수왕(茶樹王)'이라 부른다. 우리는 수령이 1700년이나 되는 차수왕을

▶ 시프송판나의 정기시

▶ 하니족 여성

윈난성 서남부 산속에서 만났다. 이 나무는 다리차 나무였다.

그 차수왕이 사는 삼림은 현재 지명으로 표기하면 윈난성 시슈왕반나(西双版納) 타이족(傣族) 자치주 멍하이현(勐海縣) 바다향(巴達鄉)에 있다. 이 자치주 인구의 약 3분의 1을 차지하는 타이족[7]은 평야의 수전지대에 정주하고 산다. 주 이름인 '시슈왕반나'를 타이족 발음으로 하면 '시프송판나'[8]. 이 지역에는 '멍하이'처럼 '멍(勐)'이라는 글자를 쓰는 지명이 많은데, 이는 분지를 단위로 한 정치적 범위를 가리키는 타이족 말로서, 일본에서 출신지를 물을 때 쓰는 '구니(國: 고향)'와 뉘앙스가 비슷하다. 타이족 말의 어순에는 형용하는 말이 형용되는 말보다 나중에 오기 때문에, '멍하이(勐海)'는 '바다(海)의 고향'이라는 뜻이 된다.

우리가 탄 차는 논이 이어진 평탄한 길을 지나 타이족 마을 옆을 통과하여 산길로 접어든다. 흙길이라 요동이 심해지면서 닫힌 창문 틈새로 흙먼지가 들어온다. 경사로를 다 오르니 하니족[9](哈尼族: 현지에서는 아니족이라고 한다) 산간 마을이 흩어져 있다. 일찍이 화전 생활을 했던 산지 민족의 세계다.

7 타이족: 중국어에서는 '傣'라고 표기되며, 중국 윈난성 서남부, 미얀마, 라오스, 타이왕국 북부 등지에 거주한다. 분지 저지대의 하안(河岸)에 거주하는 논농사 경작민으로서 전통적으로 고상식(高床式) 주거에 살며, 상좌부(상좌부) 불교를 믿는다. 인구는 약 4백만 명.

8 시프송판나: 명대에 이 지역을 통치했던 토사(土司)의 행정구분에 유래하는 지명. '시프송'은 12, '판'은 천(千), '나'는 토지의 범위를 가리키는 말이다.

9 하니족: 중국어로는 '哈尼'라고 표기되며, 주로 윈난성 남부에 거주한다. 산 중턱에 경지를 일구고 경사지에 마을을 형성하는 경우가 많다. 훙허(紅河) 유역에는 멋진 붕전(棚田 계단식 경지)을 조성하고 있다. 인구 약 150만 명.

10 이차림: 본래의 천연산림(원생림)이 재해 등으로 파괴되고 그 대신에 군락으로 발달한 산림을 가리킨다. 원생림과 이차림을 합해서 천연림이라 부른다. – 역자

11 지의류: 균류(菌類)와 조류(藻類)가 공생하는 민꽃식물군. – 역자

마을 사람에게 길을 물어 산길을 헤치고 들어간다. 길 양쪽에는 천연 이차림(二次林)[10]의 조엽수림이 울창하게 번성해 있다. 마을 가까이에 있는 경사면에 차밭이 있다. 차나무가 키가 작아 어려 보였다. 화전이었던 것을 최근 들어서 차밭으로 바꾸었기 때문일까? 흔들리는 차로 두 시간 정도 더 가서 도착한 곳이 차수왕 삼림의 입구. 지프로 차를 갈아타고 하니족 처녀의 안내를 받아 산으로 들어갔다. 차 천정에 몇 번씩이나 머리를 부대끼며 가다가, 다시 내려서 어두운 원생림 지대를 걸어 나간다.

산의 경사면에 거목에 둘러싸여 호위를 받는 듯 차나무 고목들이 모습을 드러냈다. 전에는 키가 더 컸었는데 요즘에는 가지가 휘었다. 수없이 갈라진 가지들은 지의류(地衣類)[11]로 둘러싸여 있다. 최근에는 보호용 철조망이 둘러쳐져 있다. 마을 처녀의 말에 따르면 지금은 이 차나무 잎을 따는 행위가 금지되어 있지만, 예전에는 마을에서 해마다 일정한 양을 정해 잎을 따서 차로 마셨다고 한다. 나뭇잎은 차밭에서 재배한 것보다 더 크고 맛은 떫으면서 강했다고 한다. 마을에는 지금도 하니족 고유의 찻잎 가공방법이 전승되고 있다.

12 『운남지략』: 원대에 윈난에서 행정을 맡았던 이경(李京)이 편찬한 책으로, 1303~1304년쯤 집필된 것으로 추정된다. 윈난 지방지 가운데 가장 오래된 것 중 하나이다. 方国瑜 主编, 『雲南史料叢刊』 第3卷, 雲南大学出版社, 1998 수록.

윈난성에 자생하는 차나무는 일본에서 보통 재배되는 나무에 비해서 잎이 크다. 그 잎을 넣은 차의 맛도 더 쓰다. 이런 특성을 살려서 산에 거주하는 선주민족이 독특한 차 가공법을 고안해 냈다. 커다란 잎을 건조시킨 뒤에 찐다. 그리고 습도를 알맞게 유지하면서 자루에 넣고 주무른다. 전체적으로 적당히 부드러워지면 틀에 넣고 눌러서 모양을 만든다. 형태가 갖춰진 찻잎이 보존되는 과정에서 찻잎에 함유된 미생물(흑국黑麴균이나 유산균, 효모 등)이 증식해서 천천히 발효되면서 찻잎의 풍미를 더하게 되는 것이다.



### 유목민 교역용으로 발달한 보이차

시프송판나에서 교역으로 찻잎이 거래되고 있었음을 사료로 확인할 수 있는 것은 원대에 편찬된 『운남지략(雲南志略)』[12]에 기재된 것이 처음이다.

13 쿠빌라이: (1215~1294) 칭기스한의 손자로 몽골제국의 제5대 한(재위 1260~1294). 원 세조(世祖). 형인 몽케 아래서 윈난을 공략했고 즉위 후에 지금의 베이징인 대도(大都)로 천도하여 남송을 멸망시켰다. 일본, 베트남, 샴 원정에는 실패했다.

14 양왕 바사라와르미: (?~1381) 쿠빌라이의 증손자. 원 말기의 혼란기에 쿤밍을 중심으로 정권을 유지했다. 원조가 명군에게 쫓겨 몽골 고원으로 돌아온 뒤에도 쓰촨과 티베트 동부 루트를 통해 네트워크를 유지하다가, 1381년 명의 윈난 원정군에게 패해 자살한다.

15 주원장: (1328~1398) 빈농 가정에서 태어나 원 말기의 사회 혼란 와중에 농민반란군에서 두각을 나타내어 명조의 초대 황제(재위 1368~1398)로 등극했다. 난징에 도읍을 두고 원조 세력을 몽골 고원으로 퇴각시켰다.



> 금치백이(金齒百夷: 윈난성 서남부에 거주하는 민족들을 가리킴)는 기록할 문자가 없어 나무에 새겨서 약속을 한다. …… 교역은 닷새마다 한 번, 아침에는 여자가 낮에는 남자가 거래를 한다. 양탄자나 베, 찻잎이나 소금을 서로 교환한다.



원대의 사료에 나타난 찻잎의 교역은 명대가 되면서 본격화되었다.

원 왕조의 궁정이 명 왕조의 북벌군에 쫓겨 몽골 고원으로 도망친 뒤, 쿠빌라이[13] 혈통을 이은 양왕(梁王) 바사라와르미[14]는 윈난에 남아 티베트와 쓰촨 루트를 통해 서로 연락을 취하고 있었다. 바사라와르미는 1381년, 중국의 중심부를 거의 다 지배하게 된 주원장(朱元璋)[15]이 파견한 윈난 공략군과 싸워 패배했다. 명의 통사(通史)에는 윈난이 중국의 판도에 포함된 것을 당연한 일이라 하고 있으므로, 이 군사 활동을 명 왕조의 완성으로 자리매김하면서 덧붙이는 것처럼 언급하고만 있을 뿐이다. 그러나 동유라시아 역사 속에서 윈난 공략이 지닌 의미는 매우 크다. 이 공략을 계기로 군대와 함께 이

16 토사: 중국 서부·서남부·티베트에 설치된 관직의 총칭으로, 선주민 수령을 그대로 임명하고 세습을 인정한 것. 제도로서는 원대에 시작되어 명청 시대를 거쳐 중화민국 시기까지 이어졌다. 지방의 치안 유지, 수년 한 차례의 조공 등의 의무가 부과되었다.

17 『전략』: 명 말기에 사조제(謝肇淛)가 편찬한 윈난에 관한 전서(全書)로서 1619~1621년에 윈난에 부임한 저자의 견문에 근거한 서술도 포함되어 있다. 완성된 것은 1625년 이후로 추정된다. 지리·물산·풍속의 기록이 풍부하다. 『雲南史料叢刊』 第6卷에 수록되어 있다.

주한 한족 이민에 의해 윈난의 중국화가 시작되었기 때문이다.

원 왕조가 경제정책의 실패로 붕괴된 것을 반성하여 명 왕조는 민간의 경제활동을 억제했다. 찻잎을 원격지 교역의 물산으로 만들려면 부피가 커지지 않게 잘 다지는 편이 유리하다. 명 왕조는 1391년에는 궁정에 공납하는 차에 대해 '다진 차의 제조를 중지하도록' 명령함으로써 교역용 찻잎의 생산을 억제하고자 했다. 그런데 윈난은 중국의 조정이 직접 통치하지 않았다. 명 왕조는 소수민족이 많은 지역에 대해 현지 지배자 층을 토사(土司)[16]라는 직위에 임명하여 간접적으로 통치하였다. 그랬기 때문에 찻잎에 대한 통제는 미치지 못했던 것이다.

중국의 다른 지역에서는 찻잎 생산이 쇠퇴한 반면, 윈난에서는 효모로 발효시켜서 다진 찻잎이 활발하게 생산되고 있었다. 나중에 보이차라고 불리게 된 찻잎이다. 그 이름이 사료에 처음 등장한 것은 17세기 전반, 명대 후기에 저술된 『전략(滇略)』[17]에서라고 한다. 윈난 각지의 물산을 다룬 '산략(産略)'이란 항목에 다음과 같이 서술되어 있다.

18 사조제: (1567~1624) 푸젠성 창러(長樂)현 출생. 어릴 때부터 명민하여 과거에는 진사로 급제해 관료가 되었다. 윈난에는 운남좌참정(雲南左參政)으로 부임했다. 명대의 백과전서라고 하는 『오잡조(五雜組)』를 기술하여 박학다식함을 보여준 바 있다.

19 『물리소식』: 중국 명말 청초의 사상가 방이지(方以智, 1611~1671)가 1640년대에 쓴 과학기술서로서 모두 16권으로 되어 있다. 장화(張華)의 『박물지(博物志)』나 왕선(王宣)의 『물리소(物理所)』 등을 본받아 편찬했다고 하는데, 9~11권이 초목류(草木類)·조수류(鳥獸類)를 다루고 있다. 유럽 선교사들이 전한 지식도 포함되어 있다.

> 윈난에는 이름난 명차(銘茶)가 없다고들 한탄하지만 여기서 차가 생산되지 않을 리 없다……. 현지 서민들이 이용하는 것은 모두 보차(普茶)로서 찐 뒤에 굳게 다진다. 비린내가 나지만 그냥 물을 마시는 것보다는 낫다.

여기서 말하는 '보차'가 바로 보이차다. 저자인 사조제(謝肇淛)[18]는 중국 중심부의 차 산지로 유명한 푸젠성(福建省) 출신이었기 때문인지, 윈난의 찻잎에 대해 그리 후한 평가를 내리지 않았다.

17세기 중반에 편찬된 『물리소식(物理小識)』[19]은 보이차는 쪄서 다진다고 서술한 뒤에 "이것을 서번(西蕃)이 거래한다"고 했다. '서번'이란 주로 티베트족을 가리킨다. 보이차는 쓴 맛 때문에 소화액의 분비를 촉진한다. 육식을 할 기회가 많은 유목민족의 기호에 맞아서 윈난의 찻잎은 발달했다. 한족이 익숙지 않았던 것도 무리가 아니었으리라.

보이차에 대한 평가가 급격하게 변하는 것은 청대에 들어와서다. 청 왕조의 황제는 (힌두교의 신 브라흐만처럼—역자) 네 개의 얼굴을

20 만주족: 중국 동북부를 발상지로 하는 여진(女眞/女直)족을, 청조의 전신인 후금(後金)을 세운 누르하치 때에 만주로 개칭해 한자로 '滿洲'라고 했다. 그들이 신앙했던 문수보살에 유래한 것이라고 전한다.

갖고 있었다. 즉, 만주족[20] 최대의 수령인 동시에 몽골족의 한, 티베트 불교 최대의 보호자, 그리고 한족 황제였다. 청 궁정에는 몽골족 출신의 비(妃)도 많았으며 티베트 승려를 접대할 기회도 많았다. 그래서 유목민들 사이에 정착되어 있던 보이차에 대한 수요도 높아졌을 것이다. 궁정에 최고급 보이차를 바치는 것이 정례화되면서 차 제조 기술은 비약적으로 향상되었다. 이것이 오늘날 보이차 붐의 조건을 마련했다.

21 토번: 7세기 초부터 9세기 중반에 걸쳐 라싸를 중심으로 티베트 고원에 세워졌던 왕국. 송첸캄포가 티베트 고원을 통일하고 당까지 침공했다. 8세기 중반에 불교를 국교로 삼고 9세기에는 당과 연맹을 맺었다.



## 차마고도의 역사

티베트족 사이에 차를 마시는 관습이 정착된 시기에 대해서는 사료가 없기 때문에 확정짓기 어렵다. 정설로는 토번(吐蕃)[21]이 당 왕조와 교류하는 가운데 8세기 경 티베트인이 차를 약으로서가 아니라 생활에 불가결한 음료로서 즐겨하게 된 데에서 비롯된 것이라고 한다.

송대가 되면 중국에서 티베트 고원으로 찻잎이 안정적으로 공급되게 된다. 당시 송 왕조는 북방민족의 압박을 받고 있었기 때문에 서북 초원에서 나는 군마(軍馬)를 손에 넣기가 힘들게 되었다. 그래서 티베트족으로부터 군마를 공급받을 생각을 했던 것이다. 말을 손에 넣기 위해서 쓰촨을 통해 벽돌처럼 사각형으로 다져진 전차(磚茶)를 교역품으로 티베트 고원에 보냈다. 송대의 차마(茶馬) 교역 루트는 두 개였다. 하나는 쓰촨 분지에서 서남쪽으로 올라 야저우(雅州, 지금의 야안雅安)를 경유하는 길이고, 다른 하나는 윈난성 쿤밍

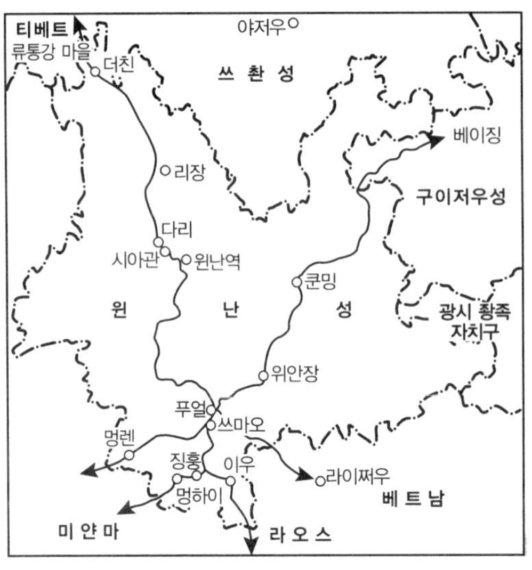


**차마고도** 윈난성에서 티베트 고원으로 이어지는 도로.

**칠자차** 보이차를 일곱 장씩 포개서 대나무 껍질로 포장한 것. 이것을 대나무 광주리에 담아서 운반했다.

**보이차** 원반형으로 굳혀진 찻잎.

**윈난 역의 마방 숙소** 차마고도의 숙소 마을인 윈난 역에는 예전에 찻잎을 운반한 대상들의 숙소가 남아 있다. 1층에는 말이, 2층에는 상인들이 묵었다.

22 나시족: 한자로는 '納西'로 표기한다. 윈난성 서북부의 리장을 중심으로 거주하는 민족. 인구는 약 27만 명. 티베트와 한족의 문화를 흡수하고, 티베트 전래의 뻰교(本教)의 영향을 받은 둥바교(東巴教)를 믿었다. 독특한 둥바(東巴)문자를 지닌 것으로 알려져 있다.

▶ 나시족 여성

을 경유해 북상해서 지금의 리장(麗江) 서북쪽의 티에차오청(鐵橋城, 지금의 타청塔城) 부근에서 진사강(金沙江)을 건너는 길이다.

원대와 명대에 티베트로 이어진 찻잎 공급 루트는 변화하게 된다. 쿠빌라이군의 우익(右翼)이 진사강을 건너자, 리장을 중심으로 세력을 확대해 가고 있던 나시족[22] 수령은 황급히 몽골에 대해 공순(恭順)한 자세를 취했다. 리장은 진사강 도하 지점을 내려다보는 고원에 자리잡은 군사적 요충지다. 몽골 제국이 윈난으로 세력을 신장하는 가운데 나시족 수령을 편입시킬 필요가 있게 되자 토사로 임명하여 그 영역적 지배를 인정하는 동시에 세력 확대를 후원했다.

나시족 토사 일족은 시기(時機)를 판단하는 데 민감했던 것 같다. 명 왕조의 군대가 윈난으로 진입하자, 이번에는 명 왕조에 충성을 맹세했고, 이들 일족은 계속해서 토사인 리장토지부(麗江土知府)로 임명되어, 황제 주원장으로부터 직접 '목(木)' 성(姓)을 하사받았다. 일설에 의하면 '주(朱)'라는 글자에 '목'이 포함되어 있기 때문에 이 성을 고른 것이라고 한다. 이런 전승을 보더라도 윈난 지배를 위해 리장을 장악하는 것이 명 왕조에게 얼마나 중요했는지 알 수가 있다.

▶ 리장 목씨의 토지부(土知府)(복원된 것)와 옛 거리 모습

명 왕조의 지원을 받아 나시족 목씨(木氏)는 티베트 고원으로 세력을 확대하는 동시에 윈난 서남부에서 생산된 찻잎을 티베트 고원에 공급하는 루트를 개척하고 거기서 발생하는 이익을 얻었다. 그 루트는 리장에서 진사강으로 내려가 타청에서 역참(驛站) 도시로 알려진 번쯔란(奔子欄)을 거쳐 표고 4천 수백 미터에 달하는 고개를 넘어서 더친(德欽)으로 들어간 뒤 란창강(瀾滄江)을 북상하여 티베트에 도착하는 길이다. 목씨는 이 루트의 주요 지점에 방루(防壘)를 설치하여 산적 등을 단속했다.

이 북상 루트에 접합하듯이, 시프송판나 등에서 생산된 윈난 찻잎이 운반되는 루트가 발달했다. 시프송판나의 찻잎 집산지를 기점으로 북상하여 윈난을 동서와 남북으로 종단하는 루트의 교차점에 자리잡은 윈난 역을 통과해, 다리의 교역지인 시아관(下關)에 이른다. 시아관도 찻잎 집산지로서 전차를 가공한 곳이다. 시아관에서부터 길은 산이 많은 지역으로 접어든다. 표고를 높이면서 리장에 당도하는 것이다. 윈난 서남부에서 티베트에 이르는 이 루트가 바로 차마고도라고 불린다.

23 개토귀류: 토사를 폐지하고 중앙정부에서 파견된 관료에게 지배시키는 방식. 관료는 세습이 아니라 임기가 정해져 흘러들기 때문에 '유관(流官)'이라고 불렸다. 윈난에서는 한족의 유입과 함께 내지와 마찬가지의 행정이 필요해져서 18세기 중반에 대규모의 개토귀류가 시행되었다.

▶ **이우** 예전의 찻집(차장 茶莊) 모습.



14세기부터 18세기 초까지 원·명·청의 3대에 걸쳐 차마고도를 장악했던 나시족의 수령은 지배 하의 주민들로부터 용역(用役)으로서 물자운반을 위한 말과 노동력을 징수하고 있었다. 그 체제가 크게 변하는 것은 청대인 1723년(옹정雍正 원년)에 토사(土司) 제도를 폐지하는 '개토귀류(改土歸流)'[23]라는 정책이 리장(麗江)에서 시행되었을 때이다.

목씨는 특권을 잃었고 교역은 민간 상인들이 담당하게 되었다. '장객(藏客)'이라고 불린 상인이 '마방(馬幇)'이라는 대상(隊商 캐러밴)을 편성하여, 올라갈 때에는 주로 찻잎을, 내려올 때에는 티베트 고원에서 나는 약재를 싣고 심산협곡에 난 길을 오갔다. 캐러밴은 수백 두의 말에 마바리를 싣고 숙소 없는 산중에서는 마바리를 말 등에서 끌어내려 안장 아래 비바람을 피하면서 전진했다.

▶ **차 상인집단의 회관** 원난성 남부의 스핑 출신 상인이 세운 건물.

## 차마고도의 기점에서

차마고도와 관련된 토지를 찾아서 우리는 이우(易武)라는 마을로 향했다. 시프송판나 산지에서 차나무 고목으로부터 채취한 찻잎은 우선 이곳에 집산되어 가공된 뒤에 각지로 송출되었다.

전세 낸 차는 똑바로 란창강 지류를 따라 동쪽으로 나아가서 멍싱(勐醒)이라는 작은 마을에서부터 산으로 접어들었다. 길은 그야말로 험로. 점점 표고가 높아짐에 따라 조엽수림, 죽림과 차밭이 눈에 띄기 시작했다. 세 시간 정도 걸려서 겨우 이우에 도착하자 먼저 장이(張毅)씨를 찾아갔다. 장씨는 한때 끊겼던 보이차의 전통을 부활시킨 장본인으로서 차의 역사에 대해서도 해박하다.

차분한 말투의 장씨가 한 말에 따르면, 이우가 역사에 이름을 새긴 것은 1732년(옹정 10년)에 이곳에서 생산된 보이차를 청 황제에게 공납하게 된 이후라고 한다. 재수가 있다고 해서 매년 6666근의 차를 베이징으로 보냈다. 황실용 최고급품 이외에도 국가의례와 외

24 예부: 중국 관제에 있는 6부 가운데 하나. 이 관제는 고대부터 존재했으나 '예부'라는 명칭은 수대 이래의 것이다. 국가의 의례, 제사 등을 관장하고 외국 조공사절의 응대 등도 담당했다.

교를 담당하는 예부[24]에 바치는 상납용 차도 있었다. 고급 보이차는 직경 25센티미터 정도의 원반형으로 다진 뒤에 하나씩 정성스레 종이에 싸서 7매씩 대나무 껍질로 포장하고 나서 대나무 광주리에 넣어 수송되었다. 칠자차(七子茶)라는 명칭도 그래서 생겨났다. 이우로부터 베이징으로 향하는 루트 외에 티베트로 가는 찻잎도 있었다.

차 산업에 관한 청대의 돌비석이 언덕 위 초등학교에 남아 있다는 말을 듣고 장씨에게 안내를 부탁했다. 집 앞의 석축은 일찍이 차마가 왕래하던 곳. 닳아서 작아진 돌들이 역사를 느끼게 해준다. 언덕을 오르는 길에는 돌로 만든 계단이 이어지고 양쪽에는 예전에 차를 팔던 차장(茶莊)이 늘어서 있었더랬다. 지금은 큰 화재로 소실되어 버렸지만, 초등학교 부지에도 원래 건리진(乾利眞)이라는 차장이 있어서 송빙호(宋聘號)라는 옥호(屋號)를 내걸고 차를 팔았었다. 그 안쪽으로도 경춘호(慶春號)·수흥창(守興昌)·동흥호(同興號)·복원창(福元昌) 등의 차장이 즐비했다고 한다. 지금도 남아 있는 낡은 가옥의 대문 꾸밈새가 예전의 번영을 떠올리게 한다.

25 회관: 동향(同鄉)·동업 등의 그룹이 세운 건물. 송대에 발생하여 명대 중기 이후 전국 차원의 상업 활동이 활성화되는 가운데 수많은 회관이 세워졌다. 숙박소, 창고, 거래소 등이 설치되어 구성원들의 편익을 도모했다.

26 청불전쟁: 베트남의 보호국화를 꾀한 프랑스와 청조 사이에 벌어진 전쟁. 1884년 프랑스가 개전했고 85년에 청조가 패하여 텐진(天津)조약을 체결한다. 이 조약으로 청조는 베트남에 대한 종주권을 포기했다. 1887년에는 프랑스령 인도차이나 연방이 형성되었다.

유력한 윈난 상인집단이 세운 스핑 회관(石屏會館)[25]의 관제묘(關帝廟) 자리에 '도광(道光) 18년'(1838년) 연호가 새겨진 돌비석이 서 있었다. 1789년(건륭 54년)부터 대대로 이곳에서 찻잎 생산과 교역을 담당하고 있던 스핑(石屏) 출신의 상인들이 관리와 결탁한 불량배들의 부당한 착취를 금지하게 하려고 세운 비석이라고 한다. 청대에 차상들이 얼마나 튼튼히 결속했었는지를 비문이 말해주고 있다.

1885년 청불전쟁[26]에서 중국이 패하자 라오스가 프랑스령이 되면서 국경에 가까운 이우는 교통로로서 안전한 통행이 불가능하게 됨으로써 차의 교역로에서 제외되게 되었다. 해방 후에는 양식 생산이 국책이 되었기 때문에 이우의 차 생산은 늘지 못하고 가공기술도 전승되지 못했다. 1963년 이후 교역로는 폐쇄되어 인적도 끊기게 된다. 차 산업이 다시 부활한 것은 1993년 차의 자유판매가 허가되고 나서의 일이다. 이때 장씨는 노인들을 찾아다니며 가공기술의 부활을 꾀했다. 부활에 이르기까지는 어려운 일투성이였다고, 장씨는 당시를 회상하듯 말했다.

이우 마을 근처에 비교적 보존상태가 좋은 고도(古道)가 약 5킬로미터에 걸쳐 남아 있었다고 한다. 폭 3미터 정도로 돌이 깔려 있다. 이곳을 찾는 사람들이 최근 부쩍 늘었다고 한다. 요즘 중국은 차마고도 붐이다. 여유 있는 사회층이 형성되면서 관광여행이 발달하게 되고, 아직 숫자는 적지만 산악 바이크 투어링이나 백페커들이 차마고도를 찾게 되었기 때문이다. 제목에 '차마고도'가 들어간 책들이 서점의 서가 일각을 차지할 정도로 많이 출판되고, 2005년에는 「차마고도」라는 연속 TV 드라마가 방영되었다. 이우에서 차마고도를 볼 거냐고 장씨가 물어왔지만 어둑해진 험로로 접어들 용기가 나질 않아서 단념한 채 작별을 고하고 왔던 길을 되돌아갔었는데, 그것이 지금도 못내 후회가 된다.

▶ 이우에 지금도 남아 있는 차마고도의 돌길

▶ **동충하초** 약제상이 만든 포스터.

## 고원에서 내려간 물산

찻잎은 원·명·청 3대에 걸쳐서 꾸준히 윈난 남부로부터 차마고도를 거쳐 티베트 고원으로 운반되어 올라갔다. 그렇다면 티베트 고원에서 갖고 내려온 물산은 과연 무엇이었을까? 이 물산들은 시대에 따라 변천이 있었다.

제일 먼저 거론할 수 있는 물산은 차마고도라는 이름의 유래이기도 한 말(馬)이다. 티베트 고원, 그리고 거기에 이어진 윈난 서북부에는 분지나 산등성이 함몰지에 초원이 펼쳐져 있다. 거기서 자란 말은 다리와 허리가 강해서 험준한 토지에서도 잘 달릴 수 있다. 차마고도를 왕래했던 마방(馬幇: 캐러밴)도 이 강건한 말이 없었다면 고산과 계곡을 몇 번이고 넘어야 하는 길을 밟지 못했을 것이다.

명 왕조는 예전부터 말의 산지로 알려졌던 몽골 고원을 안정적으로 지배할 수 없었다. 명대에 윈난 서북부와 티베트 고원은 중국에 대한 중요한 군마(軍馬) 공급원이 되었다. 리장의 토사(土司)였던 목

27 녹용: 사슴(梅花鹿 *Cervus nippon*)이나 붉은 사슴(馬鹿 *Cervus elaphus*) 수컷의 머리에 나기 시작한 유각(幼角)을 건조시킨 것. 한방에서는 자양강장 효과가 있다고 한다.

28 패모: 백합과 패모속의 다년생 초본식물인 패모(*Fritillaria thunbergii*)의 구근(球根). 한방에서는 진해·해열·지혈에 효험이 있다고 한다.

29 사향노루: 임사(林麝 *Moschus berezovskii*), 마사(馬麝 *Moschus sifanicus*), 원사(原麝 *Moschus moschiferus*)의 세 종류가 있다.

30 사향 로드: 티베트 고원과 유럽을 잇는 교역로로서, 칭하이성 골무드에서 탕구라 산맥을 넘어 낫츄를 거쳐 라싸까지 가서 서쪽으로 접어들어 시가체를 거쳐 곤륜산맥을 내려가 실크로드의 도시인 칼기리크에 접속된다. 7세기에 존재하고 있었다.



씨(木氏)는 명 왕조에 조공을 바칠 때 수많은 말을 데리고 중국으로 향했다. 그러나 청대가 되면 우수한 군마를 내몽골 등지에서 확보할 수 있게 되어 교역품으로서 말의 비중은 저하되었다고 생각된다.

티베트족 거주지역으로부터 내려온 물산으로는 모피 외에 사향, 녹용[27], 패모(貝母)[28], 동충하초 같은 한약재가 많았다. 사향은 표고 3천 미터 이상의 고지대에서 자라는 사향노루[29]의 수컷에서 채취된다. 늦가을부터 초겨울까지의 교미기가 되면 이 작은 노루는 향기 짙은 분비물을 음낭(陰囊) 근처에 있는 분비선에 모아 둔다. 이 물질은 유럽에서는 향료로서, 중국에서는 심장 소생 약재 등으로서 귀중히 여겨졌다. 프랑스에서 조합된 향료에는 빼놓을 수 없는 원료였다. 티베트 고원에서 유럽에 이르는 교역로는 최근에 '사향 로드'[30]로서 주목받고 있다.

동충하초는 곤충의 유충에 기생하는 버섯(*Cordyceps sinensis*)이다. 명칭에서처럼 겨울에는 나비 유충 같은 모양이었던 것이 여름이 되면 균사(菌絲)를 내뿜으면서 땅 위에 버섯으로 피어난다. 티베트족 마을에서는 이 버섯이 산야에 나타나는 시기가 되면 남자들이 산에

31 달라이 라마: 티베트 불교 겔룩파의 고승에 대한 존칭. 총카파의 제자가 대대로 환생한 활불(活佛)이라고 한다. 제5대 달라이 라마(1617~1682) 치하에서 재상 상게 갸초가 세속권력의 항쟁을 이용해 종파 세력의 확대를 도모했다.

32 청군의 티베트 진주: 제6대 달라이 라마의 정통성을 둘러싸고 발생한 혼란의 와중에 준가르 세력이 티베트에 미치는 것을 견제하기 위해 청조는 티베트족에 의해 추대된 제7대 달라이 라마를 옹립하여 1720년에 티베트 원정군을 파견한 뒤에 티베트를 보호령으로 만들었다.

33 은정: 제기(祭器) 모양의 은화. – 역자

34 잉곳: 금속을 주형(鑄型)에 흘려 넣어 굳힌 것. 주괴(鑄塊). – 역자



들어가 텐트를 치고 기식을 한다. 어디서 자라는지는 집안마다 비전(秘傳)으로 되어 있다.

내려오는 물품들이 효율적으로 집하되는 과정에는 티베트 은화(銀貨)가 깊이 연관되어 있었다. 1720년 달라이 라마[31]의 종교적 권위를 둘러싼 항쟁의 결과, 청 왕조의 군대가 티베트에 진주하게[32] 된다. 이 군대를 유지하기 위해서 군사비로서 대량의 은정(銀錠)[33]이 티베트로 유입된다. 티베트는 외부에서 잉곳(ingot)[34] 형태로 가져온 은을 그대로 사용하지는 않았다. 네팔로 보내서 저품위(低品位)의 코인 모양 은화로 만들었던 것이다.

이러한 티베트의 통화 정책은 외국에게 조폐를 위임한다는 점에서 현대의 관리통화체제에 익숙한 우리들에게는 기이하게 느껴질지도 모른다. 실제로 네팔은 티베트 은화를 만듦으로써 막대한 이익을 얻었다. 그럼에도 티베트가 네팔에서 조폐하는 것을 고집했던 이유는 무엇일까? 그것은 청 왕조의 영향력이 미치지 않는 곳에서 조폐를 함으로써 경제적으로 압도적인 영향력을 가진 중국으로부터 자립하고자 했기 때문이라고 생각된다. 만일 중국 상인들이

▶ **티베트 은화** 1730년대에 네팔에서 주조된 은화.

▶ **은정** 윈난성 추슝(楚雄)에서 발견된 가경(嘉慶)년간의 은정.

티베트로부터 은화를 갖고 온 뒤 이를 녹여서 중국에서 유통하는 은정으로 바꾼다면 은화의 순도가 낮기 때문에 손해를 보게 된다. 따라서 티베트 은화는 외부로 유출되지 않고 그 영역 내부에서 순환하게 되었던 것이다.

티베트족이 활동하던 다리(大理)의 교역지인 시아관(下關)까지는 소량의 은화만 운반되었다. 그러나 그 이상으로는 유출되지 않았다. 찻잎의 대가로서 티베트 고원으로부터 내려온 물품 대부분이 고원의 각종 물산이었던 셈이다. 은화가 티베트 영역을 순환함으로써 약재가 광범위하게 원활히 집적되면서 18세기에도 차마고도를 둘러싼 교역이 회전할 수 있었던 것이다.

## 생태환경의 차이에 의거한 교역

티베트족의 집에서는 버터차를 대접받는다. 생활 속에 녹아든 버터차는 이제 생활에 불가결한 요소가 되어 있다. 아침에는 나무

35 야크: 소과의 가축으로 학명은 *Bos grunniens*. 티베트 고원의 해발 3500미터 이상의 초원과 빙원에서 운반에 이용하거나 모피·우유·고기를 얻기 위해 사육된다. 길이 약 3미터, 무게 5백 킬로그램으로 큰 편이며 긴 털로 덮혀 있다.

36 편우: 야크와 소가 교배한 잡종으로 티베트어로는 '조'라고 불린다. 티베트 고원과 그 주변 지대에서 광범위하게 발견된다. 윈난에서는 해발 2000~3500미터 지역에서 볼 수 있으며, 그보다 높은 곳에서는 야크, 그보다 낮은 곳에서는 소가 주로 사용되고 있다.

그릇에 담은 차를 한 모금 두 모금 마시면서 간밤에 빠져나간 수분을 보충한다. 그러고 나서 살짝 미지근해진 차에 쌀보리 가루(찬바)를 가득 붓고는 약지(藥指)로 저어서 찻물과 완전히 섞은 뒤에 마치 스시용 밥을 쥐듯이 경단 모양으로 만들어서 입 속에 집어넣는다. 낮에도 밤에도 차를 마신다. 이 버터차는 생태환경과 떼려야 뗄 수 없는 음료다.

버터는 티베트 고원의 여러 마을에서 사육하는 야크[35]나, 야크와 소를 교배시킨 '편우(犏牛 피엔뉴)'[36]에게서 짜낸 것으로 만든다. 야크는 고원의 가혹한 생태환경에 적응하여 두터운 털로 엄동설한을 넘긴다. 계곡 등 표고가 낮은 곳에서는, 젖도 잘 나오고 야크보다 힘도 센 편우가 사육된다. 티베트족은 야크나 편우의 젖을 짜서 사람 허리 정도 높이의 통에 담은 뒤에 휘저어서 버터를 만드는 것이다. 그러나 찻잎은 고원에서 만들 수가 없다. 티베트 고원의 생태환경에서는 차나무가 자라지 못하기 때문이다.

생태환경을 분류하는 지표로서 가장 간편한 것이 식생(植生) 구분이다. 생태학에서 식물은 '생산자'라고도 불린다. 물과 공기 속의

37 카와쿠보: 윈난성 북부 더친현(德欽縣)에 있는 산으로 '매리설산(梅里雪山)'이라고도 하며 해발 6천 미터 이상의 봉우리가 13개 있어서 '태자 13봉'이라 불리기도 한다. 주봉인 카와쿠보는 티베트 말로 '설산의 신'이란 뜻이다. 티베트 불교의 4대 성산 중 으뜸을 차지한다. – 역자

▶ 윈난성의 최고봉인 카와쿠보산



이산화탄소, 토양 속의 무기물을 이용해서, 식물은 태양광선으로부터 에너지를 얻어 유기물을 합성한다. 초식동물은 식물을 뜯어먹으며 살고 육식동물은 그 초식동물을 잡아먹으며 산다. 말라죽은 식물, 그리고 동물의 시체나 배설물은 곤충과 미생물이 살아가는 양식이 되어, 마침내는 무기물로 분해된다. 그 무기물이 다시 식물에게 비료로서 흡수되는 것이다. 이렇게 무수한 생물의 조합이 하나의 통합된 생태환경을 형성시키고 있는 것이다. 따라서 식물을 자세히 살펴보면 동물 등의 분포도 알 수 있게 된다.



어떤 식물이 어디에 분포하는지를 결정하는 요소는 일조량과 기온, 강수량과 토양이다. 그러나 일조량이 좋은 곳은 그에 따라 기온도 높아지며, 토양은 식물 자신이 긴 시간 동안 만들어낸다. 그래서 대국적으로 식생 구분을 파악하기 위해서는 우선 기온과 강수량이라는 조건에 주목해야 한다.

윈난성은 지형적으로 볼 때, 세계의 지붕 히말라야 산맥의 동쪽에 위치하며 티베트 고원의 동쪽으로 펼쳐진 경사지로 이루어져 있다. 윈난성의 최고 지점은 카와쿠보(卡瓦格博)[37] 봉우리로 해발 6,740

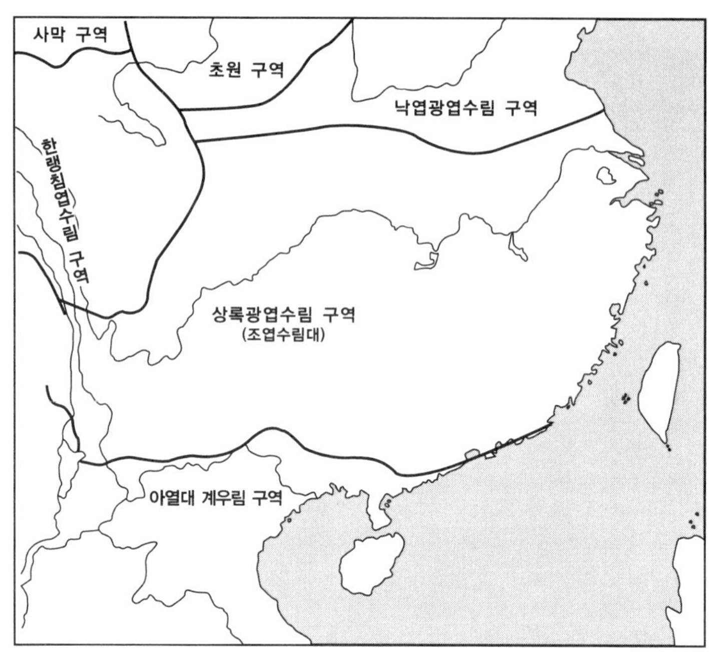


원난성을 중심으로 한 식물 구분도

**아열대 계우림의 감겨죽은 나무**
무화과 같은 덩굴식물류는 큰 나무의 덩굴에 휘감겨 말라죽는 경우가 있다.

티베트 고원 한랭 초원의 야크

한랭침엽수림

▶ 침엽수에 들러붙은 이끼

미터, 최저 지점은 베트남과의 국경선에 접한 하구(河口)로서 해발 180미터다. 이러한 표고 차는 기온의 지역 차로 나타나게 된다.

강수량의 측면에서 윈난을 보자면, 윈난성은 아이라오(哀牢) 산맥을 경계로 해서 동부와 서부로 구분된다. 서부는 남아시아와 동남아시아와 비슷한 기후체계에 속해서 우기와 건기가 분명하게 나눠진다. 겨울에는 열대 기단이 대지를 뒤덮는다. 반면에 동부의 기후는 중국의 화남(華南) 지역과 비슷해서 사계절에 따른 강수량의 변화를 볼 수가 있다.

기후 차이에 대응하여 윈난에는 다양한 식생이 전개된다. 윈난의 식생은 표고가 높은 곳에서부터 한랭침엽수림 구역, 상록광엽수림 구역, 아열대 계우림(季雨林) 구역으로 구분된다.

차나무는 상록광엽수림 지대의 식물이고, 사향노루의 먹이가 되는 솔방울과 이끼류는 고지대의 관목초지와 침엽수림 지대의 식물이다. 차나무에서는 찻잎을, 사향노루에게서는 사향을 얻어, 각각의 생태환경에서밖에 얻을 수 없는 물산을 서로 보충하기 위해서 원격지를 잇는 장대한 교역이 발생했던 것이다. 차마고도는 그러한 생태환경의 차이에 의거해서 만들어진 교역로였던 것이다.

# Ⅱ. 헤이징 염정과 산림: 소금의 생태환경사

▶ 헤이징전 전경

## 염정(鹽井)을 찾아서

제도가 바뀌는 바람에 마을이 마치 한순간에 냉동된 것처럼 번영의 흔적만 남긴 채 황폐해져 버리는 경우가 있다. 이런 마을은 근대 이후에 몰아친 변화의 물결에서 동떨어져 있기 때문에 분위기 있는 거리의 모습을 보존하고 있는 사례가 많다. 최근 들어서 관광객을 모으기 시작한 윈난성 중부의 헤이징전(黑井鎭)도 그런 마을 가운데 하나다. 예전에 이곳은 윈난 최대의 제염장(製鹽場)이었다.

쿤밍(昆明)에서 쓰촨(四川)성 최남단의 판즈화(攀枝花)로 가는 열차는 쿤밍을 출발하여 서쪽으로 간 뒤에 다리(大理)로 향하는 본선을 벗어나 계곡을 따라 북쪽으로 나아간다. 골짜기에 있는 '헤이징(黑井)'이라는 작은 역에 내려서 '자, 여기서 또 몇 킬로나 떨어진 마을까지 걸을 건가' 각오를 하고 역사를 나서자 승객을 기다리는 마차들이 늘어서 있었다. 우리 가족을 태운 마차는 십여 분만에 헤이징전 입구에 도착했다. 진사강(金沙江) 지류에 걸린 다리 하나를 사

▶ 헤이뉴징 입구



이에 두고 마을은 동쪽에서 서쪽으로 좁고도 길게 이어져 있다.

지금은 폐갱(廢坑)이 된 염정(鹽井)이 마을 주위에 점점이 흩어져 있다. 청대에는 82군데나 있어서 각각 헤이뉴징(黑牛井), 룽취안징(龍泉井) 같은 명칭이 붙어 있었다. 마을에서 가까운 헤이뉴징을 찾아가자 허리를 구부려야 겨우 걸어 들어갈 수 있는 갱도(坑道)가 산속 깊은 곳을 향해 뚫려 있다. 전승에 따르면 이곳의 한 목동이 실종된 소의 발자국을 따라 산속으로 들어가 보니 소금물이 솟구쳐 오르는 곳을 발견했다고 한다. 동물은 보통 소금을 원하면 염분이 있는 땅을 찾아낸다. 아마 그 소도 냄새를 맡아 염정이 있는 장소를 알아냈을 것이다.

우물 입구에는 길어 올린 소금물을 일시적으로 비축하는 깊은 연못이 있다. 지금은 빗물을 담아두어 녹색으로 탁해져 있었다. 이 우물에서 얻는 소금은 순백색의 최상품이라고 하여 원대(元代)부터 대량으로 채취하게 되었다. 청대(淸代)가 되자 우물의 깊이는 50미터에 달했다.

마을 한편에 제염장(製鹽場)이 복원되어, 지금은 볼 수 없는 번

▶ **헤이징전 거리** 예전에는 소금물을 짊어진 노동자들이 이곳을 오갔다.

영기 때 제염의 모습을 판넬 등을 통해 설명하고 있다. 제염 작업은 모두 인력으로 했다. 대나무통을 이용한 길이 3미터 정도의 물총처럼 생긴 '주룽(竹龍)'이라고 부르는 도구를 우물 밑에서부터 차곡차곡 몇 단이고 설치해서 소금물을 빨아올리거나, 권상기(卷上機)로 끌어올려 지표면으로 길어낸다. 네 명의 장정이 달라붙은 권상기는 한 번에 약 50리터의 소금물을 길어 올렸다. 깜빡하고 힘을 빼면 도르래가 윙윙거리며 선회하여 작업 중이던 사람들을 쓰러뜨려 버린다. 힘들고 위험한 작업이었다.

우물 앞의 저수지에서 제염 작업장까지는 뤼푸(鹵夫)라고 불리는 남자들이 소금물을 운반했다. 등에 진 목제 통에는 소금물이 쏟아지지 않도록 대나무로 짠 덮개를 씌웠다. 운반은 새벽에 아직 하늘이 깜깜할 때부터 시작해서 오전 내내 이루어졌다. 한 번 나를 때마다 대나무 표찰을 건네받는다. 낮이 되면 작업을 끝내고 이 표찰 수에 따라서 임금이 지불된다. 마을 사람들의 회상에 따르면 아침부터 해가 높이 떠 있을 때까지 염정에서 제염장까지 이어진 석축 길에는 뤼푸의 행렬이 마치 강물처럼 끊이지 않았다고 한다. 힘겨운

38 남조: 7세기 중엽부터 902년까지 윈난 다리를 중심으로 성립된 왕국. 당조와 우호관계를 맺고 8세기 전반에 윈난의 광범위한 지역을 통일했다. 중국 문화를 섭취하는 데 힘쓰고 동남아시아로부터 상좌부 불교를, 당으로부터는 대승불교를 받아들이고 있다.

▶ 소금을 졸이는 부엌

작업이지만 성과급 임금이 높아 이곳 남자들이 독점하고 있었다.

제염장에 인접한 경사지에는 흡사 계단식 논처럼 천일염을 만드는 얕은 못들이 늘어서 있다. 농도가 높아진 소금물은 벽돌로 만든 화덕 위에 세 줄로 놓인 냄비에 부어져 하루 밤낮, 약 7~8시간이 지나면 딱 맞게 졸아든다. 완성된 소금은 아주 딱딱하고 직경 80센티미터 정도의 중국식 냄비를 뒤집은 것 같은 모양이 된다. 무게는 80킬로그램 정도. 이것을 톱으로 이등분 또는 사등분한다. 소금이 톱밥처럼 떨어져 내린다. 예전에는 이렇게 떨어진 소금은 감독하는 관리의 몫이 되어 주머니를 불렸다고 한다.

## 헤이징전의 제염업

헤이징전에서 염분을 함유한 지하수가 나온다는 사실은 이미 한대(漢代)에 알려져 있었던 것 같다. 남조(南詔)[38]라고 불린 정권이

39 윈난의 무슬림: 윈난은 몽골제국으로 편입된 이후 중앙 유라시아로부터 다수의 무슬림이 이주해 와서 행정, 경제, 상업 등의 영역에서 활약했다. 명대에 남중국해, 인도양을 항해했던 정화(鄭和)의 조상도 이런 무슬림이었으리라 여겨진다.

40 이족: 한자로는 '彝'라고 표기된다. 중국 서남부 산악지대에 거주하는 민족으로서, 인구는 약 650만 명. 몇 가지 계통으로 나뉘어진다. 옛날에는 노예제가 있었고 '비모'라 불리는 제사장이 문화전승의 핵심 역할을 맡았다. 윈난에서는 음력 6월의 '화파절(火把節)' 때에 횃불을 가운데 두고 제사를 지낸다.



8세기 전반부터 10세기 초까지 현재의 다리를 중심으로 해서 윈난의 대부분 지역을 세력 하에 두었다. 이 남조는 헤이징의 소금을 왕실 전용으로 삼았다고 한다. 그러나 수송 경로가 정비되지 못했기 때문에 소금의 생산량은 많지 않았다. 이 지역이 제염장으로 급성장하게 되는 것은 찻잎과 마찬가지로 원대(元代)에 들어서의 일이다.

원 왕조는 윈난을 지배하게 되자 몽골인 올제이우(完者兀)를 헤이징의 소금을 관리하는 직책인 위초로염사사제거(威楚路鹽使司提擧)에 임명하고 소금의 증산과 관리기구의 정비를 수행하도록 했다. 노동자와 상인이 모여들어 시가지가 형성되었으며 마을의 남북을 잇는 오마교(五馬橋)도 그때 설치되었다. 원대의 14세기 이후 제염제도도 점차 정비되어 나간다.

이 지역에서는 원래 한족, 무슬림[39], 이족[40] 간에 소금물을 길어낼 권리를 둘러싸고 분쟁이 끊이지 않았다. 원대부터 명대에 걸쳐 염장을 관리한 무슬림 마수정(馬守正)은 10일을 한 사이클로 해서 각 민족이 교대로 3일씩 소금물을 길어내고 10일째는 정시기를 여는 날로 정해 대립을 해소했다고 기록되어 있다.

▶ 이족 여성

원 왕조의 재정은 농업에서 걷는 세에 의존하지 않고 상업에 기반을 두고 있었다. 특히 소금 전매에서 거둬들이는 재정 수입은 중앙정부 수입의 8할을 점하고 있었다고 한다. 그렇기 때문에 제염지 관리는 중요한 국가사업이고 몽골제국의 경제를 지탱했던 무슬림이 등용되는 경우가 많았다. 인재는 중앙 유라시아와 몽골 고원에서 스카우트되어 윈난으로도 다수 투입되었다. 지금도 윈난에는 이때에 이주해온 무슬림 자손들이 많이 살고 있다.



원 왕조의 뒤를 이은 명과 청 왕조에게도 소금은 국가 재정을 뒷받침하는 지주였다. 헤이징전의 정염(井鹽)도 국가 관리 아래 두어졌고 소금 판매로 생기는 세수(稅收)는 윈난성 재정에 불가결한 비중을 차지했다. 명대에는 헤이징 소금에 의한 재정 수입이 윈난 전체 세수의 67%, 청대 중기에는 50%를 차지했다. 근내에 접어들어서도 그 중요성은 당분간 지속되어, 청말부터 민국 초기에 걸쳐서는 46%를 점하고 있었다.

재정의 근간을 뒷받침했던 소금은 관헌의 엄중한 관리 아래 두어졌다. 길어올린 소금물의 양, 생산된 소금 양 등은 관리가 기록했

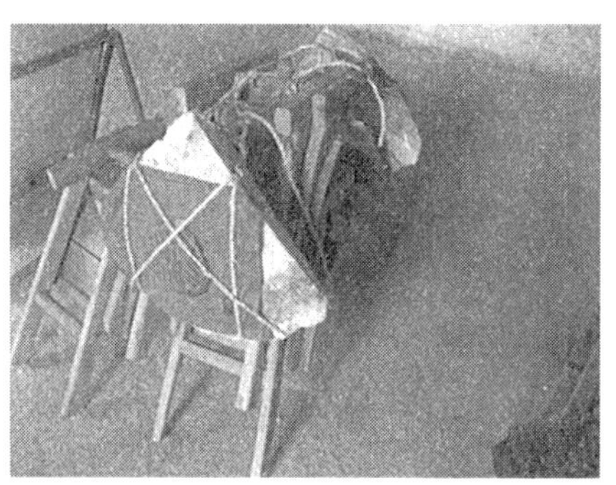
▶ 관염

고, 진 안에도 소금의 출입을 체크하는 관소(關所)가 설치되었다. 제염업자는 등록제 하에 놓였고, 소금을 졸이는 냄비의 수나 생산량까지 정해져 있었다. 소금이 생산된 뒤에는 제염업자 이름을 장부에 적고 소금의 품질 등에 근거해서 업자의 등급이 분류되었다. 소금은 무게를 단 뒤 '관염(官鹽)'이라는 붉은 색 도장이 날인되어 엄중히 관리되는 창고에 보관되었다.

각 제염장에서 생산된 소금은 어떤 지역으로 공급할지가 엄밀히 정해져 있었다. 상인은 세금을 내고 규정된 구역에서 판매해야만 했다. 청대를 사례로 들면 헤이징전에서 생산된 소금은 쿤밍을 중심으로 윈난성 중남부부터 구이저우성 서부, 광시성 서북부의 광범위한 범위가 그 판매 구역이었다. 헤이징전에서 각각의 판매지로 향하는 연도(沿道)에도 관소가 설치되어 소금이 정규적인 것인지 조사를 당했다.

이 정도로까지 엄중히 관리된 제염업이었지만, 전매제에는 반드시 밀매가 따라오기 마련이다. 가루처럼 떨어진 소금을 열심히 모아서 물에 녹인다. 제염업 노동자가 신고 있는 짚신에도 소금물

▶ **대정용사** 소금 상인들이 세운 무대.

이 스며들어 있다. 짚신을 물에 담그면 소금물을 얻을 수 있다. 그렇게 확보한 소금물을 직경 30센티미터 정도의 밀매 전용 냄비를 이용해서 몰래 소금을 굽는다. 이렇게 해서 숨기기에 적합한 소형 소금 덩어리가 만들어진다. 이를 '소과염(小鍋鹽)'이라 불렀다. 이 소금은 야밤에 산속 샛길을 따라, 관리에게 뇌물을 주어 눈감아주게 해서 반출되었던 것이다.



## 제염업의 번영 이후

소금이 '달다'고 하면 기묘하게 들릴지도 모르겠다. 그러나 현지 사람들은 일찍이 헤이징에서 나는 소금은 달았다고 한다. 짠 맛은 염화나트륨 때문인데, 우물에서 길어 올린 소금물에는 유화나트륨이 많이 포함되어 있어서 그대로는 쓴 맛이 난다. 헤이징전에서는 마포(麻布) 사이에 목탄을 끼워 소금물을 여과시킨 뒤에 석고를

▶ 청 황제에게 하사받은 편액

부어 유화나트륨을 유산나트륨으로 화학 변화시킨다. 이렇게 처리한 결과, 헤이징의 소금은 고농도 염화나트륨과 미량의 유산나트륨이 어우러져서 사람들의 혀에 짜면서도 '달다'는 미각을 남기는 것이다.

짜면서도 달달한 헤이징 소금은 윈난에서는 정평이 나 있었다. 중국에는 전국적으로 유명한 훠투이(火腿: 햄) 산지가 두 군데 있다. 한 군데는 저장(浙江)성의 진화(金華), 또 한 군데는 윈난성의 쉬안웨이(宣威)다. 쉬안웨이에서 가공된 햄은 '윈투이(雲腿)'라고 불리며 아주 귀한 대접을 받는다. 청대 옹정 연간에 그 이름이 확립되었다. 사실 이 햄의 달콤한 맛은 일찍이 헤이징 정염이 뒷받침하고 있었던 것이다. 이처럼 유명한 소금의 공급을 담당했던 헤이징의 제염업자는 청대에 최고의 번영을 누렸다.

헤이징전을 굽어보는 약간 높은 곳에 이 지역의 풍부한 재력에 의해 세워진 대정용사(大井龍祠)라는 사당이 있다. 오르막길을 걸어서 사당의 좁은 입구를 빠져나가서 뒤돌아보면 통로 위에 무대가 마련되어 있음을 알 수 있다. 소금을 생산하는 우물을 수호하는 용

▶ 소금 상인 무씨의 저택

왕을 마주보듯이 무대는 세워져 있다. 헤이징전이 염업으로 번창하고 있던 시절에는 성도(省都)인 쿤밍의 극장에 뒤지지 않는 설비를 갖추고 윈난의 일류 극단이 초청되어 왔다고 한다.

무대와 마주보는 사당에서 대들보를 올려다보면, 검은 바탕에 금색으로 '영원보택(靈源普澤)'이라는 큰 글씨가 적힌 편액(扁額)이 걸려 있는 것을 볼 수 있다. 자세히 보면 '칙사(勅賜)'라는 문자가 적혀 있어서 옹정(雍正) 3년, 즉 1725년에 청 황제가 이 편액을 직접 하사했음을 알 수가 있다. 이것만 보더라도 산간의 작은 마을인 헤이징전이 청 왕조의 재정에 얼마나 공헌하고 있었는지 분명해질 것이다. 옆쪽에 있는 1782년(건륭 47년)의 비문에는 염정마다 각각 수호용신을 제사지내는 사당을 세우지만 이 대정용사는 이들 용사(龍祠)를 총괄하는 중심이라고 쓰여 있고, 수축(修築) 등의 유지비를 내기 위해 전택(田宅)을 기부한 염업 관계자들의 이름이 끄트머리에 줄줄이 새겨져 있다.

대정용사에서 도로로 내려오면 눈에 띄는 것은 돌과 흙으로 다진 튼튼한 가옥들이다. 모두 시대의 풍격을 느끼게 한다. 특히 청

41 과거: 중국에서 관료를 등용하기 위한 시험제도. 수 왕조 시기인 598년에 종래의 추천식 등용제도를 폐지하고 606년 진사과를 설치해 시부와 논문으로 채용한 것이 최초이다. 원대에 중단되기도 했으나 1905년까지 지속되었다. 최종시험 합격자가 진사다.

대 후기의 도광(道光) 연간(1821~50)에 지어진 무씨(武氏) 저택이 위용을 뽐내고 있다. 3층짜리 가옥은 '왕(王)'자 모양으로 배열되어 연회까지 가능한 객실부터 작은 거실에 이르기까지 모두 99칸의 방이 있다고 한다. 이 저택을 지은 무씨 일족은 윈난성 최대의 소비도시였던 쿤밍으로 헤이징전의 소금을 운송해서 재산을 모으고 이 자산을 배경으로 1857년(함풍咸豊 7년)에는 과거[41]에서 진사(進士)를 배출했다.

쿤밍에도 헤이징전이 번영했던 흔적을 찾아볼 수 있다. 쿤밍 시가지 동부에 퉈둥(拓東)이라 불리는 구역이 있다. 헤이징전 소금은 말 등에 실려서 이 구역으로 운반되어 왔다. 퉈둥에는 소금 상인의 점포들이 즐비했다. 그 일각에 청대 후기인 1881년(광서光緖 7년)에 세워진 염륭사(鹽隆祠)가 있다. 소금 상인들이 자금을 갹출해서 세운 것인데, 염업의 시조라는 헌원황제(軒轅皇帝: 黃帝)를 제사지내는 본당을 중심으로 무대 등이 늘어서 있다. 지금도 청대의 목각 작품 같은 것이 남아 있다.

퉈둥에는 헤이징의 소금을 사용해서 간장 같은 것도 가공하고

▶ 헤이징전의 말

있었다. 지금도 쿤밍 현지 사람들은 간장이라고 하면 '퉈둥 간장'이라는 상표를 애용한다. 헤이징의 '단' 소금으로 제조된 간장은 여전히 그 풍미를 지키려고 노력하고 있는 듯한데, 일본의 진간장처럼 감칠맛이 나고 확실히 맛이 깊었다.



## 산림의 황폐화

청대 강희(康熙) 연간에 헤이징전에 관한 정보를 기재한 『흑염정지(黑鹽井志)』가 편찬된다. 진(鎭)을 엄습한 재해를 기록한 「상이(祥異)」 항목을 펴서 읽어보면 종래 홍수에 관한 기재가 전혀 없었던 이 진이 1691년(강희 30년)에 하천의 범람으로 엄청난 피해를 입었다는 것을 알 수 있다.

이해 7월 1일에 쏟아져 내리기 시작한 호우는 이튿날까지도 그치지 않아 강물이 흘러넘쳐 염정을 수몰시키고 오마교(五馬橋)까지

▶ **헤이징전의 「봉산육림(封山育林) 규정」** 제염으로 인해 황폐해졌던 산지는 최근에 산림이 육성되고 있다.

휩쓸고 내려갔다. 17일에는 지반이 약해져 있었기 때문인지 관제묘(關帝廟) 뒷산이 무너져 묘가 붕괴되고 제사를 지내던 신상(神像)이 토석류(土石流)에 휩쓸려서 하천으로 떠내려가 강의 흐름을 막아버렸다고 한다. 그 이후로 종종 수해와 토사 붕괴가 잇달아 1707년(강희 46년)에는 토사 유출을 막기 위해 제언(堤堰)이 축조되기에 이른다. 이 재해는 단순한 자연재해가 아니다. 그 배경에는 소금을 굽기 위해 대량의 잡목과 땔감용 나무들이 주위의 산지로부터 벌채되어 험준한 산들이 수목 없는 민둥산으로 변해 버렸기 때문에 토석류가 발생했던 것이다.

최성기에 이 산간의 좁은 토지에 제염업 종사자들을 중심으로 3만 명이나 되는 사람들이 살면서 연간 5천 톤 정도의 소금을 구워냈다고 한다. 1톤의 소금을 생산하려면 3톤의 목재가 필요하고 주민이 취사 등으로 소비하는 땔감은 연간 200킬로그램 정도가 필요하다. 그렇다면 대략 연간 2만 톤의 속도로 주위의 산지에 자라던 수목이 모습을 감췄다는 계산이 나온다. 습윤 온난한 토지라고는 하지만 이러한 속도는 수목이 재생할 페이스를 훌쩍 뛰어넘는 속도

42 홍력: (1711~1799) 치세의 연호를 따서 건륭제(乾隆帝)로 알려진 청조 제6대 황제(재위 1725~1795). 본명은 애신각라 홍력(愛新覺羅弘曆). 그의 치세 때 청조는 동투르키스탄을 판도에 포함시켜 최대의 영토를 확보했다. 『사고전서(四庫全書)』를 편찬하기도 했다.

다. 18세기 후반부터 19세기에 걸쳐서 수해의 빈도는 잦아졌다. 이러한 피해의 증가는 헤이징전에 한정된 것이 아니라 다른 염정에서도 같은 경향을 찾아볼 수 있다.

주위 산지의 수목이 잘려나가면 마방(馬幇)이 소금을 반출하기 위해 끌고 온 말의 등에 땔감을 싣고 헤이징전으로 향하게 된다. 처음에는 가까운 지역에서 싣고 왔지만 그곳도 거의 잘려나가게 되면 점차 더 먼 곳으로부터 땔감을 실어 나르게 된다. 경제의 원리로서 목재 자원의 가격은 상승하고 소금을 생산하는 비용도 상승한다. 청대 중반에 건륭 시기가 되면 이 프로세스는 무시할 수 없을 정도가 되어 조정에서도 논의가 일어나기 시작했다. 홍력(弘曆)[42]이 황제로 즉위한 지 얼마 안돼서 발표한 상유(上諭)를 보면 다음과 같이 소금의 가격 상승에 골머리를 앓고 있다.

> 짐은 윈난의 소금 값이 급등하고 있다고 들었다. 백 근당 2냥에 4, 5전하던 것이 4냥 이상이 된 경우도 있다고 한다. 변경의 인민은 곤경에 빠지고 벽지의 이민(夷民: 소수민족)은 곤궁에 처했다. (건륭 원년(1736년) 3월 辛丑)

43 동산: 중국에서는 전통적으로 아동의 머리를 밀었기 때문에, 민둥산을 '동산'이라고 부른다.



그러나 그 뒤로도 삼림 파괴에 의한 소금 값 등귀 소식이 황제에게 계속 보고되었고, 산지에 식림을 하거나 땔감 구입 자금을 지급하거나 했음에도 근본적인 해결에 이르지는 못 했다. 수년 뒤에 다시 홍력이 내린 상유에서는,



> 전해들은 바에 따르면 근년에 동산[43](童山: 민둥산)이 점차 많아지고 땔감의 가격은 나날이 비싸진다고 한다. 더욱이 소금물의 농도까지 낮아져서 소금 생산이 곤란해진 관계로, 지급된 땔감 구입 보조비로는 구입할 신탄(薪炭)에도 미치지 못한다고 한다.

고 말하고 있다. 그리하여 헤이징에 부과되었던 소금 생산 할당량을 삭감하는 결정이 내려지는 것이다.

소금의 생산이 주변 산림을 파괴한다. 생태환경사의 관점에서 보면 지하 염수를 파내서 이용하는 것은 인간뿐이다. 야생동물도 지표로 나온 소금을 핥아먹지만 인간처럼 대지를 파내지는 않는다. 소금 산지는 공간적으로 편재하기 때문에 소금은 원격지로 운반된

다. 이것 또한 인간만이 하는 행위이다. 인간 이외의 생물은 자기 몸으로 옮길 수 있는 것 이상은 수송하지 않는다. 지하자원의 이용은 생태환경의 변용을 불러일으키기 쉬운 것이다.



## 계곡의 염정

청 말기에 소금 전매제가 무너져서 소금이 통제를 벗어나 거래되게 되자 헤이징전에서 생산된 소금은 말 등에 실려 주로 세 가지 방향으로 운반되었다. 첫 번째 루트는 동쪽의 쿤밍을 향해서 가는 길로서 그 중 일부는 윈난에 인접한 구이저우와 광시로 이어진다. 두 번째 루트는 강을 따라 북상해서 쓰촨성으로 가는 길, 그리고 세 번째 루트는 고개를 넘어 서쪽으로 운반되어 다리(大理)에 이르러 거기서 다시 서쪽으로 향해 미얀마와 인도로 가는 길이었다.

사료로 뒷받침할 것은 나와 있지 않으나, 내가 버터차를 대접받

▶ 염정의 햇볕 말리기에 사용되는 테라스

았던 윈난 서북부의 티베트족 거주 지역으로도, 헤이징전의 소금이 다리에서 차마고도를 경유해서 유입되고 있었을지 모른다. 다만 명대와 청대에 이 지방으로 유입된 정규 소금은 쓰촨성의 정염(井鹽)이 주된 것이었던 듯하다. 청대의 사료에는 윈난의 티베트족 지역으로는 '구외사염(口外沙鹽)'이라고 기록된 소금이 할당되었다고 되어 있다. '구외'란 몽골 고원을 말한다. 티베트 고원 동부의 루트를 거쳐서 훨씬 먼 곳으로부터도 소금이 유입되었다는 말이 될 것이다.

티베트족 거주지에도 소금 산지는 있다. 윈난에서 란창강을 거슬러서 현재의 티베트 자치구로 접어든 지점에 옌징(鹽井)이라는 이름의 제염장이 있다. 앞서 티베트 은화를 언급한 곳에도 인용했던 『염정향토지』에는 제염의 모습을 이렇게 기술하고 있다.

> 염전의 모습은 현지 주민이 란창강 양안에 난간을 쌓아놓은 듯 걸려 있어서, 마치 내지에서 보는 논의 두둑과 비슷하다. 염지(鹽池)를 옆에 파서 언제든 염수를 저장해 두고, 여름부터 가을까지 (우기의 범람 때문에) 우물 입구가 침수되면 저장해 두었던 염수

▶ 소금물을 길어올리는 작업

를 사용한다. 동쪽 기슭에는 포정(蒲丁)과 아객(牙喀)이라는 두 개의 구획이, 서쪽 기슭에는 가타(加打)라는 구획이 있다. 동쪽에서 생산된 소금은 순백색인데 서쪽의 소금은 약간 붉어서 윈난에서는 '도화염(桃花鹽)'이라 불리며 흰 소금보다 고가로 거래되고 차의 빛깔을 돋보이게 만든다.



지금도 옌징에서는 인력에 의한 제염업이 주요한 산업이 되고 있다. 2백 호 정도의 주민은 모두 염전을 갖고 있으며 생계의 버팀목으로 삼고 있다. 그 중 61호가 제염업을 전업(專業)으로 한다. 제염을 하는 것은 나시족이다.

매년 3월 복사꽃이 피는 시기에 이 지역은 건기가 되고 소금 생산이 본격적으로 이루어진다. 나시족 여성은 3~6미터 깊이의 우물 속으로 사다리를 타고 내려가 등에 진 나무통에 염수를 길어, 강기슭의 경사면을 힘껏 밟으면서 염지로 향한다. 염지에 일단 소금물을 저장하고 나서 다시 테라스로 운반해 올린다. 건조한 바람을 맞고 태양의 열기를 쬐다가 햇볕이 협곡으로 저물 즈음이 되면 테라스의 소금물 위에 결정 상태의 소금꽃이 피어오른다. 여성들은 마름모꼴로 굳어지기 시작한 소금을 나무 주걱으로 모아 죽롱(竹籠)에 넣어서 남은 수분을 빼낸다. 염업을 전업으로 삼는 집들은 실로 고된 노동의 결정체라고나 해야 할 소금을 팔아서 그 이익으로 식량을 사는 것이다. 작업은 우기가 시작되는 6월까지 계속된다.

교통이 불편해서 외부의 소금이 들어오지 못했던 시절에는 연간 40만 킬로그램의 소금이 생산되어, 티베트는 물론 쓰촨과 윈난으로 운반되어 나갔다. 버터차에 넣는 소금도 여기서 생산된 소금이 사용되었다. 희미하게 붉은 색을 띤 도화염(일설에는 복사꽃이 피는 시기에 생산된 소금이라고 한다)은 특히나 환영받았다. 다만 윈난의 티베트족 촌락에서 들은 얘기로는 이 염정의 소금은 가열 처리를 하지 않기 때문에 질이 나빠서 가축에게 주거나, 소의 피부에 기생충이 꾀었을 때 피부에 발라 치료해 주기 위해 사용했다고 하는데, 이것은 아마 외지로부터 양질의 소금이 유입되고 난 이후의 상황일 것이다.

44 소금 전매: 소금 전매제도는 한무제(漢武帝) 때 시작되었으나, 그것이 항상적이 되는 것은 당대 중기인 8세기 중엽이다. 소금 판매구역을 정하는 행염지(行鹽地) 제도는 당대에 나타나서 송대에 확립된다. 원대에는 소금 수취증인 염인(鹽引)이 유가증권으로서 유통되기도 했다.

## 제도로 뒷받침된 교역

티베트족 집에 가면 버터차를 대접받는다. 버터차는 간을 맞추기 위해서, 또 건조한 고원 생활에서 잃어버리기 쉬운 염분을 보급하기 위해서 차 속에 소금을 넣는다. 찻잎이 생태환경의 차이에 근거해서 교역품이 되었다고 한다면, 소금은 그 생산지가 한정되어 있기 때문에 멀리까지 운반된다. 주위를 바다로 둘러싸인 일본에서는 소금 이야기가 역사에 등장하는 것은 연해의 우에스기 겐신(上杉謙信)이 내륙의 다케다 신켄(武田信玄)에게 소금을 보냈다는 에피소드 정도로서 그다지 많지 않다. 유럽에서는 암염(岩鹽)의 산지가 각지에 분포되어 있었기 때문에 장거리 운송은 이루어지지 않았다. 그러나 동유라시아의 역사에서는 소금이 양념 역할을 톡톡히 하고 있다.

중국에서는 광대한 국토에 비해 제염지가 한정되어 있었고, 더욱이 소금은 일상생활에 불가결했기 때문에 예로부터 국가가 전매[44]하게 되었다. 전매제를 전국적으로 시행한 것은 한 무제 때이다. 유명한 제염은 산시성의 해지(海池)라는 염호(鹽湖)에서 나는 지염(池鹽), 황해 연안의 양회(兩淮) 지역에서 해수를 끓여 만든 해염(海鹽), 쓰촨성 쯔공(自貢)에서 우물로부터 길어올린 염수를 천연가스로 끓여 만든 정염(井鹽) 등이다. 전매제 하에서는 각 제염장에서 생산된 소금을 어느 지역으로 공급할 것인지가 엄밀하게 정해져 있었다. 이러한 구역을 '행염지(行鹽地)'라고 한다. 상인은 세금을 바치고 규정된 구역에서 판매해야만 했다. 만일 행염지 이외의 지역으로 갖고 가면 '사염(私鹽)', 즉 소금 밀매로 간주되어 처벌을 받았다.

제도에 구속된 물산의 생산과 교역은 생태환경에 심각한 영향을 미친다. 해염을 생산하는 지역에서는 염분에 강한 식물이 자라나고 있던 풀밭이 염전으로 바뀌고, 소금을 끓이기 위해 인근 산지와 섬들로부터 땔나무가 벌초되어, 식생이 단조롭게 된다. 윈난의 헤이징에서 살펴본 바와 같이 제염 때문에 산간의 수림이 모습을 감추는 경우도 드물지 않다. 생태환경의 악화로 말미암아 소금 생산의 비용이 상승하더라도 제도로 묶여 있기 때문에 생산량을 조절

45 『전남신어』: 한군(漢軍) 팔기(八旗)에 속한 장홍(張泓)이 저술했다. 장홍은 1740~50년대에 윈난에서 관리 생활을 했고 소금 관련 행정에도 종사했었다. 책의 내용은 윈난 재직 중에 저자가 견문했던 갖가지 기록들이다. 『雲南史料叢刊』 第11卷에 수록되어 있다.

하기 힘들어서 제염지를 중심으로 식생의 파괴가 광범위하게 영향을 미치게 된다.

산지와 판매 구역이 제도에 의해 고정적으로 연결되고 있었기 때문에, 소금이 건강 피해를 초래하는 경우도 있었다. 란창강에서 만들어진 염정의 소금도 다른 소금과 비교하면 양질은 아니었음에도 불구하고 윈난의 티베트족과 나시족은 버터차에 이 소금을 사용하고 있었다. 더 심각한 사례도 있다. 낭궁(浪窮: 지금의 얼위안 洱源)에는 본래 운룡정(雲龍井)의 소금이 공급되고 있었으나, 청대에 백정(白井: 헤이징전 서쪽에 위치한 다타오현大桃縣 시양전石羊鎭에 있는 염정)의 행염구로 편입되었다. 익숙하지 않은 소금을 사용하기 시작하는 과정에서 주민들의 복부가 팽창하고 가축이 병사하는 일이 비일비재했다. 주민들은 예전의 소금으로 되돌려 달라고 호소했지만 받아들여지지 않아서 운룡정의 밀매염을 쓸 수밖에 없었다. 관리도 사정이 사정인 만큼 엄중하게 단속하지는 않았다고 한다(『전남신어 滇南新語』[45] 건륭 6(1741)년).

제도로 뒷받침된 교역은 생태환경사를 연구하는 데 중요한 실마리를 제공해 준다. 제도로서 어떤 지역에서 어떤 물산이 국가에 바쳐졌는지가 사료로 기록되는 경우가 많기 때문이다. 특히 명대 전반기, 15세기의 중국에서는 왕조가 필요로 하는 물산을 시장을 거쳐 구입하는 것이 아니라 각 지역으로부터의 공물(貢物)로 제도화해서 확보하고 있었다. 호랑이 가죽 등 거두어 들여야 하는 물산들이 기록되어, 개수를 변경하는 데에도 허가를 받아야 했다. 이와 같은 기록을 공들여 정리하면 이러한 동식물이 식생하는 생태환경이 대략 언제부터 언제까지 존속해 있었는지 추정할 수 있는 것이다. 헤이징에 관해서 소금 생산량과 거기에 필요한 땔감의 수량, 노동자의 숫자 등을 추정할 수 있는 것도, 그것이 제도로서 운영되어 기록으로 남아 있기 때문이다.

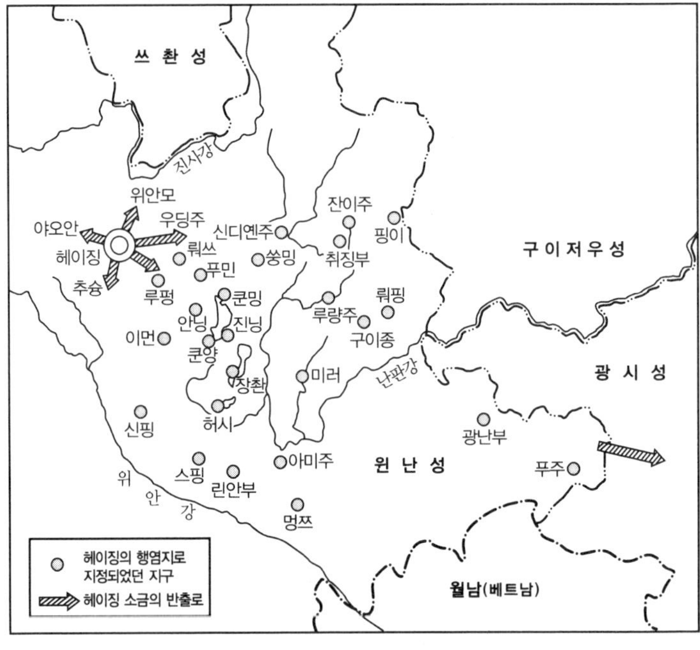


헤이징전 소금의 판매구역(행염지)과 소금 반출 루트(17세기 후반)

20세기 전반의 소금 수송 모습

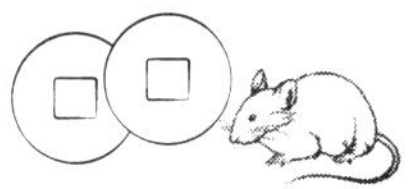

# Ⅲ. 동광·페스트·무역 : 구리의 생태환경사

▶ 오삼계가 세운 금전

## 금전(金殿)을 찾아서

쿤밍에서 지내고 있었을 때 시가지 동북쪽 8킬로미터쯤 떨어진 진디엔(金殿) 명승구(名勝區)로 답사를 갔었다. 문헌에 밍펑산(鳴鳳山)으로 나오는 약간 높은 구릉이지만, 수림이 울창하고 정밀(靜謐)한 분위기가 감돌아 "산이 고귀한 것은 높이 때문이 아니다"라는 말을 떠올리게 한다. 이곳에는 명 말기에 세워진 도교 사원 태화궁(太和宮)이 있다. 당시 답사의 목적지는 산꼭대기 부근에 건립된 금전(金殿)이라 불리는 구리 건물이었다. 사료에 의하면 이 금전은 명대 후기인 1602년(만력萬曆 30년)에 세워졌다가 청대 전기인 1671년(강희 10년)에 재건된 것이라고 한다.

윈난은 구리 산지로 유명하다. 둥촨(東川) 등의 동광에서 채굴되어 정련된 구리 잉곳이 명대 내내 해마다 윈난에서 동쪽으로 구이저우성을 거쳐 후베이(湖北)로 운반되어 동전을 주조하는 데 사용되고 있었다. 그런데 16세기 말에 상황이 일변한다. 황제였던 주익균

46 주익균: (1563~1620) 치세의 연호를 따서 만력제(萬曆帝)로 알려진 명조 제14대 황제(재위 1571~1620). 10세에 즉위, 내각대학사 장거정(張居正, 1525~1582)이 정치를 담당해 재정을 재건했으나, 장거정 사후 정무를 돌보지 않고 환관을 중용했다.

47 순무: 명청대에 설치된 지방행정관. 청대에는 성마다 두어졌다. 세제와 민정을 담당하고 군대까지 통솔했다. 총독(여러 개 성마다 설치된 관료로서 순무와는 독립되어 있었다)과 협력하여 지방행정을 담당했기 때문에 독무(督撫)라고 합쳐 불리는 경우가 많았다.

48 오삼계: (1612~1678) 명조의 무장으로 청군에 대응해 수도 방위의 요충인 산해관(山海關)을 지키고 있었으나, 이자성(李自成, 1606~1645)에 의해 베이징이 함락되자 청군을 중국으로 끌어들였다. 청조로부터 평서왕(平西王)으로 봉해져 각지를 전전하다 1662년 윈난을 평정한다. 현엽(玄燁: 강희제 康熙帝)이 그 세력을 삭감하려 하자 1673년 삼번(三藩)의 난을 일으킨다.

(朱翊鈞)[46]이 정치에 아무런 흥미를 갖지 못한 채 전국에 환관(宦官)을 파견하여 민간의 재산을 빼앗아 호화로운 궁정 생활을 일삼으려 했다. 중국사에 이른바 '광세(鑛稅)의 화(禍)'로 기록된 이 착취에 대항해서 1599년(만력 27년)부터 후베이와 윈난 지역에서 징세를 위해 파견된 환관에게 반항하는 폭동이 거의 매년 발생하게 되었던 것이다. 그 결과 어렵사리 수집된 구리를 윈난으로부터 반출하지 못하게 된다.

당시의 윈난 순무(巡撫)[47]는 도교에 대한 신앙심이 깊어 밍펑산에 태화궁을 세울 것을 기획하고 윈난에 발이 묶여 있던 구리를 이용해서 후베이의 우당산(武當山)을 참조해 금전을 짓도록 명했다. 명대 말기가 되면 이 금전은 풍수에 어긋난다는 이유로 다리(大理) 부근에 우뚝 솟은 지주산(鷄足山)으로 옮겨졌다가 나중에 문화대혁명 때 파괴되고 만다.

지금 우리가 볼 수 있는 밍펑산 금전은 청대 초기에 윈난을 지배했던 오삼계(吳三桂)[48]가 명대의 금전을 모방해서 건립한 것이다. 건물의 높이는 6.7미터, 폭과 깊이는 모두 7.8미터로 그다지 큰 것

49 북극진무대제: 북방을 진호(鎭護)하는 무신(武神)으로, 옛날에는 현무신(玄武神)이라고 불렸다.

50 현엽: (1654~1722) 치세 때의 연호를 따서 강희제(康熙帝)라고 불리는 청조 제4대 황제(재위 1661~1722). 본명 애신각라 현엽. 베이징으로 들어온 부친 쿠린(순치제 順治帝)의 사망에 의해 어린 나이에 황제로 즉위한 뒤 1681년 삼번의 난을 평정하고 중국 지배의 기반을 마련했다.

은 아니지만, 기둥과 대들보는 물론 문짝과 벽, 신상을 가린 천막, 탁자부터 항아리 같은 일용품에 이르기까지 모두 구리로 만들어져 있어서 전체 중량이 250톤에 달한다. 건물 내부에도 구리로 만든 북극진무대제(北極眞武大帝)[49] 상이 안치되어 있다.

오삼계는 청 왕조가 중국을 지배하는 과정에서 화남(華南) 공략의 선봉을 맡았던 공적을 인정받아 평서왕(平西王)으로 임명되어 윈난을 지배했다. 오삼계 정권은 결국 거의 독립국가 같은 양상을 보이게 되는데, 윈난에서 광산 개발을 추진하고 새로운 교역 거점을 설치해 통상로를 장악했다. 당시 청조 황제인 현엽(玄燁)[50]은 화남 지역에서 군벌(軍閥)처럼 된 한족 정권을 제거하고자 했다. 궁지에 몰린 오삼계는 1673년(강희 12년)에 청조에 반기를 들어 '삼번(三藩)의 난'이라고 불리는 전란이 시작된다. 이듬해에 오삼계 정권은 윈난에서 나는 구리를 이용하여 '이용통보(利用通寶)'라는 동전을 독자적으로 주조해서 경제적인 자립을 모색하기까지 했다.

숲속에서 대리석 계단을 올라가 검게 빛나는 금전에 다가가면 그 완강한 풍격 속에 정교한 세공이 가해져 있어서 보는 사람의 마

▶ **이용통보**

▶ **북극진무대제** 옛날에는 현무신이라 불리기도 했던 북방을 수호하는 무신.

음을 묵직하게 자극하는 무게가 있다. 측면 벽에는 수(壽)자가 새겨져 있다. 윈난산 구리의 감촉을 손끝으로 느끼면서 금전을 한 바퀴 돌았을 즈음 해가 서쪽으로 기울었다. 붉은 노을 아래서 건물 지붕과 기둥에 장식된 금박이 햇빛을 반사하고 있었다.



명대와 청대 두 차례에 걸쳐 윈난에서 풍부하게 산출되는 구리를 원료로 이 금전이 세워졌다. 윈난이 얼마나 풍부한 광물자원의 혜택을 받고 있었는지를 금전이 내게 알려준 것만 같다.

## 윈난의 동광산

윈난의 복잡한 지형은 인도아대륙이 유라시아대륙과 충돌해서 밑으로 들어갈 때에 생긴 조산(造山) 운동의 결과다. 화산이 많아서 큰 지진도 빈발한다. 지각변동은 윈난에 다양하고 풍부한 지하자원을 제공해 주었다. 금, 은과 함께 윈난에는 동광산이 적지 않다. 구

▶ 금전의 측면도 모두 구리로 되어 있다.





리 채굴의 역사도 오래되었다. 기원전 12세기경의 유적에서는 청동기가 발견되고 있다.

윈난에서 채굴된 구리가 윈난에서만 사용되었던 것은 아니다. 중국 화북(華北) 지방에서 발굴된 은대(殷代)의 청동기에 함유된 구리의 산지를 아연의 동위원소를 실마리로 해서 특정(特定)한 결과 윈난산이라고 추정되는 경우가 많다는 것이 밝혀졌다. 나중에 후베이성의 동록산(銅綠山)과 안후이(安徽)성의 동릉산(銅陵山) 같은 동광산으로부터의 채굴량이 늘면서 윈난산 구리의 비중은 줄어든다. 그러나 그 절대량은 감소하지 않았다. 명대까지 윈난에서 산출된 구리는 구이저우성의 전위안(鎭遠)을 거쳐서 후난(湖南)으로 운반되었다. 사료에는 형(荊: 후난)·초(楚: 후베이)에서 구리를 가져왔다고 기록되어 있으나 그 대부분은 윈난산 구리가 차지하고 있었다. 결국 형·초는 윈난에서 중원으로 가는 경유지에 불과했던 것 같다. 청대, 특히 18세기는 윈난의 구리 생산에 있어서 전성기에 해당한다.

왕조가 명에서 청으로 뒤바뀌는 전란이 끝나고 사회가 안정되

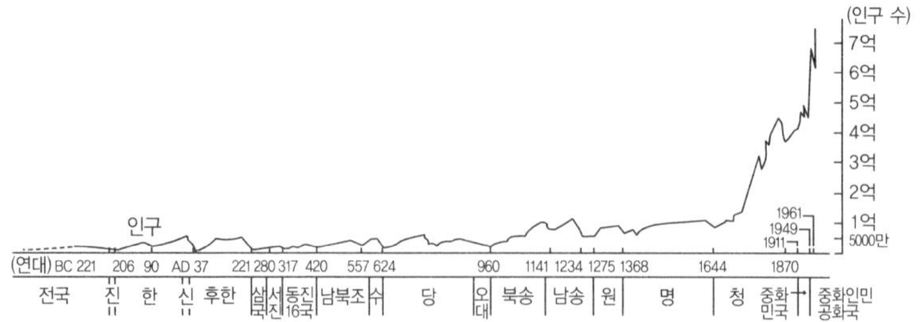


【출전】 趙文林·謝淑君, 『中国人口史』, 人民出版社, 1998.

▶ **중국의 인구 동향**

기 시작하자 중국은 인구폭발이라고 부를 수 있을 만큼 급격하게 인구가 늘어나기 시작한다. 청조는 만주족이라는 소수민족이 압도적인 수의 한족을 지배한 왕조였다. 역대 황제들은 늘어난 인구가 굶주린 끝에 먹을 것을 찾아 유동하게 되면 인민을 통제할 수 없게 되고 그것이 반란으로 불거지면 단숨에 정권이 와해될지 모른다고 두려워했다. 청조는 인민이 기아에 허덕이지 않는 것을 최우선의 정책 과제로 삼았다.

관료들은 아메리카대륙이 원산지인 감자와 고구마를 보급시키고 대만과 타이 등 해외에서 미곡을 수입하는 등 노력을 기울였다. 그 정책은 식량 확보에만 그치지 않았다. 지역경제를 진흥시켜 늘어난 인구가 입에 풀칠을 할 수 있는 일거리를 제공하려 했던 것이다. 이 경제정책의 요체는 지역 내의 물자와 노동력이 막힘없이 교환되도록 지역 내에서 사용되는 화폐를 충분히 발행하는 것이었다. 청조는 동전을 대량으로 발행함으로써 교환수단을 확보하고자 했다. 동전의 재료를 어떻게 확보할 것인가, 이것이 청조 존속의 관건이 되었다. 청조는 처음에 민간인에게 광산 경영을 맡겨 생산량의 2

51 정씨 정권: 타이완으로 피신한 정성공(鄭成功, 1624~1662)과 그 일족의 정권. 명조의 유신(遺臣)이었던 정성공은 1661년에 타이완의 네덜란드 세력을 격파하고 청조에 저항할 거점으로 삼았다. 아들 정경(鄭經)은 삼번의 난과 연계하여 대륙 침공을 꾀했지만 실패. 그의 사후 청군의 공격을 받아 1683년 청조에 투항한다.

52 천계령: 중국 연안 지역의 주민을 해안에서 일정한 경계선부터 내륙으로 강제이주시키는 동시에 해상교역을 엄격히 관리하려 했던 정책. '해금(海禁)' 정책 가운데 하나. 1656년 민간인의 해상무역을 금지하고 61년에 강제이주가 단행되었다.

할을 정부에 바치면 나머지 8할은 광산 경영자가 자유롭게 판매할 수 있도록 했다. 이런 배경 아래서 광산 개발이 급속히 진척된다.

이런 노력에도 불구하고 17세기 후반에 은정(銀錠)에 대한 동전의 상대적인 가치가 급등했다. 그 이유 중 하나로서 대만에 거점을 둔 정씨(鄭氏) 정권[51]의 재정 기반을 빼앗기 위해 내려진 '천계령(遷界令)'[52]이라는 해상 봉쇄를 1648년(강희 23년)에 해제한 것을 들 수가 있다. 봉쇄로 억압되어 있던 교역이 한꺼번에 가속화하면서 생사와 도자기, 찻잎의 수출이 증대하자 그 대금으로서 대량의 은화가 중국으로 유입되었다. 이로 말미암아 은의 가격이 하락하면서 상대적으로 동전의 가치가 상승했던 것이다. 또 다른 이유는 동전의 공급이 지역경제의 성장을 따라잡지 못했기 때문이다.

17세기 말이 되면 은정과 동전의 환율이 균형을 잃게 되었다. 제도상으로는 은 1냥 당 동전 1000문(文)으로 규정되어 있었으나 실제 가격이 780~800문이었기 때문에 동전 밀조(密造)의 유혹이 커졌다. 청조는 '사주(私鑄)'라고 불린 동전 밀조를 엄벌로 단속했지만 별 효과가 없었다. 동전 주조의 이익을 정부가 확보하고 밀조를 근절시

▶ **에도 시대 일본의 구리광산 채굴**
벳시 동광 자리에 설치된 테마파크 '마인토피아'의 관광용 갱도 전시.

키기 위해서 구리 유통을 관리해야 했기 때문에 1705년 청조는 이른바 '방본수동(放本收銅)' 정책으로 전환했다. 이는 국가가 강제적으로 동광산 경영자에게 자본을 대주고 정련된 구리의 2할을 종래대로 세금으로 거둘 뿐만 아니라, 나라가 자금을 댔다는 이유로 나머지 8할 역시 '관동(官銅)'으로서 관료가 싼 가격으로 사들이게 한 정책이었다.



## 윈난 구리와 일본 구리

그러나 청 왕조가 시행한 '방본수동' 정책은 도리어 윈난의 동광산을 쇠퇴시키고 말았다. 동광산 경영자는 자금에 쪼들리지 않는데도 강제적으로 정부의 자금을 받아들여야만 한다. 그 지급액은 고정되어 있어서 동광산 주위의 수림이 줄어들어 정련용 목탄 가격이 상승하더라도, 또 노동자가 많이 모여드는 통에 식량 가격이 급등

53 아시오: 도치기(栃木)현에 있는 동광산. 1610년에 발견되었다. 에도 시대에 채굴된 구리는 닛코(日光) 도쇼궁(東照宮)을 지을 때 사용되기도 했고 수출도 되었다. 메이지 시대에 광독(鑛毒)을 유발한 것으로 알려져 있다.

54 벳시: 에히메(愛媛)현에 있는 동광산. 1691년에 개발되어 스미토모(住友)가 경영했다. 메이지 시기에 근대 기술이 도입되어 아시오·히타치(日立)와 함께 일본 3대 동광산의 으뜸으로 꼽혔다. 1973년에 폐광되었다.

하더라도 액수를 늘려주지 않는다. 관료들은 세금을 거둘 때에 구리의 품질이 나쁘다는 등 핑계를 만들어서 더 많이 뽑아내려 한다. 게다가 생산된 구리를 자유롭게 판매하는 것도 허락되지 않는다. 짜증이 난 경영자들은 동광맥이 고갈됐다는 등 이유를 달아 광산을 폐쇄하게 되었던 것이다.

감소한 윈난산 구리를 보충했던 것이 바로 수입된 일본산 구리였다. 어쩌면 일본에서 동을 수입할 전망이 섰기 때문에 '방본수동' 정책의 시행이 가능했다고도 설명할 수 있을지 모른다. 일본은 17세기 말부터 18세기 초에 걸쳐 세계 유수의 동 산출국이었다. 당시 일본의 대표적 동광산은 아시오(足尾)[53]와 벳시(別子)[54]였다. 특히 벳시 동광산은 세계적으로도 보기 드문 대규모 광상으로서 채굴이 시작된 지 8년 만에 1500톤의 구리를 생산할 정도가 되었다.

16세기의 일본은 생사 등의 중국산 상품을 수입하는 대신 은을 수출했었다. 이 무역은 16세기에 중국에서 정권을 쥐고 있던 명 왕조가 일본과의 직접 교역을 인정하지 않았기 때문에 동남아시아와 대만 등을 경유해서 이루어졌다. 17세기 후반이 되면 일본과 중국

55 호시: 중국을 둘러싸고 민간 상인이 전개했던 교역활동을 가리킨다. 명대 초기에는 조공에 부속된 호시밖에 인정되지 않았기 때문에 왜구나 유목민에 의한 밀무역이 끊이지 않았다. 16세기 후반에 조공과 분리하는 것이 공인되어, 서북 지방에서는 마시(馬市)라고 불린 교역장이 중국 경계에 설치되었고, 해역에서도 항구를 지정해서 호시가 전개되었다.

사이에는 정치적 교섭을 수반하지 않은 '호시(互市)'[55]라 불리는 교역이 전개되게 되고 일본에서는 바쿠후(幕府)가 대외교역을 강력히 통제하는 체제가 확립되었다.

에도(江戶) 바쿠후는 은 대신에 구리를 무역에 이용하는 정책을 추진하면서 동광산 개발에 힘을 기울였다. 중국에 대한 구리 수출량은 점점 증대되었다. 바쿠후는 1701년 오사카(大阪)에 동좌(銅座)를 설치하여 동 관계자들을 일괄적으로 관리하는 체제를 만드는 한편, 나가사키(長崎)를 통한 구리 무역을 효율적으로 경영하여 이익을 올릴 수 있는 체제를 구축하고자 했다. 중국에서는 해양을 건너서 들어오는 구리라고 하여 '양동(洋銅)'이라 불렀다.

중국의 수요와 일본의 정책을 배경으로 17세기 말부터 18세기 초에 걸쳐 일본에서 중국으로 수출된 구리의 양은 늘어났다. 그러나 여기에는 한계가 있었다. 중국에서의 구리 가격은 청 왕조의 경제정책이라는 틀 속에 자리매김되고 있었기 때문에 상한선이 존재했다. 일본 동광산에서 갱도가 점차 깊어짐에 따라 구리 산출 코스트가 오르고 일본 국내에서의 실제 가격이 상승한다. 일본 측이 만

56 쇼토쿠 신례: 일본의 쇼토쿠(正德) 5년(1715년)에 에도 바쿠후가 내린 나가사키(長崎) 무역에 관한 법령. 아라이 하쿠세키(新井白石) 등이 입안했다. 일본의 은·동 수출 능력에 부응하는 교역을 하기 위해 나가사키로 내항하는 중국과 네덜란드의 선박 수를 제한하고자 했다.



일 수출 시점의 오른 가격을 제시하려 해도 중국 상인은 받아들일 수 없는 것이다. 이리하여 구리 수출은 일본 측이 항상 결손을 보는 무역이 되었다. 더욱이 바쿠후로서도 국내 경제가 활황을 보이게 되자 일본 국내에서 동전을 주조하기 위해 구리가 필요해졌다.

18세기가 되면 바쿠후는 은과 구리라는 광물자원을 수출하는 방식에서 벗어날 방도를 모색하기 시작한다. 1715년에 '쇼토쿠 신례(正德新例: 海泊互市新令)'[56]가 발포되었다. 이 법령은 구리 무역을 축소하는 동시에 무역 대상인 구리도 해산물로 바뀌나간다는 것을 명시했다. 일본으로부터 중국으로의 구리 수출이 제한되자, 청 왕조는 동전의 원료를 확보하기 위해 윈난의 동광산에 대한 정책을 변경하지 않을 수 없게 되었다.

국제무역 환경의 변화에 따라 청 왕조는 윈난의 동광산에 대한 정책을 조정했다. 우선 1723년(옹정 원년)에 관동을 수매할 때 수수료 등을 요구하는 행위를 엄금하고, 1727년(옹정 5년)부터 1762년(건륭 27년)까지 다섯 차례에 걸쳐 단계적으로 관동 구입 가격을 인상했다. 마침내 1773년(건륭 38년)에는 생산량의 1할을 '통과동(通過銅)'

이라 하여 자유롭게 판매할 수 있도록 경영자에게 인정했다. 1770년대에 윈난의 구리 생산량은 정점에 달해 연간 1400만 근(약 8355톤)이 되었다.



## 동광과 구리 수송

청대에 윈난에서는 새로운 동광산 개발이 잇달았다. 17세기 중반에 계속적으로 채굴하고 있던 광산은 모두 18곳이었다. '방본수동' 정책이 실시된 직후 다수의 광산이 조업을 중지했으나, 청 왕조가 동광산 정책을 전환한 1723년 이후로는 광산의 수가 급증하기 시작한다. 1745년(건륭 10년)에는 20곳, 1771년(건륭 36년)에는 30곳 정도의 광산이 새로이 채굴을 시작하여 1772년(건륭 37년) 이후 모두 46곳으로 늘어났다.

동광산에는 동조(硐礄)와 명조(明礄) 두 종류가 있었다. 명조는

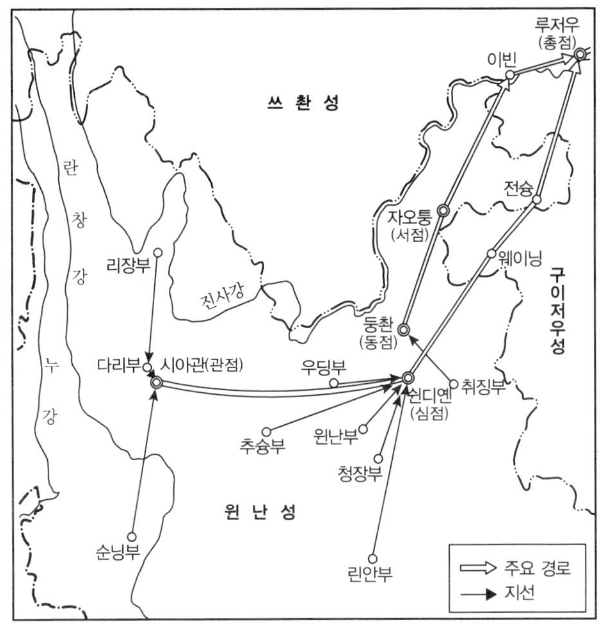


청대의 구리 반출 루트

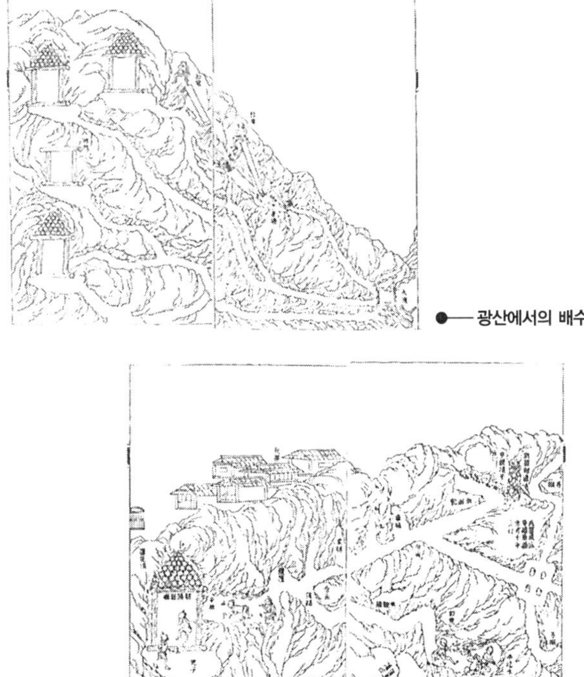

광산에서의 배수

갱도

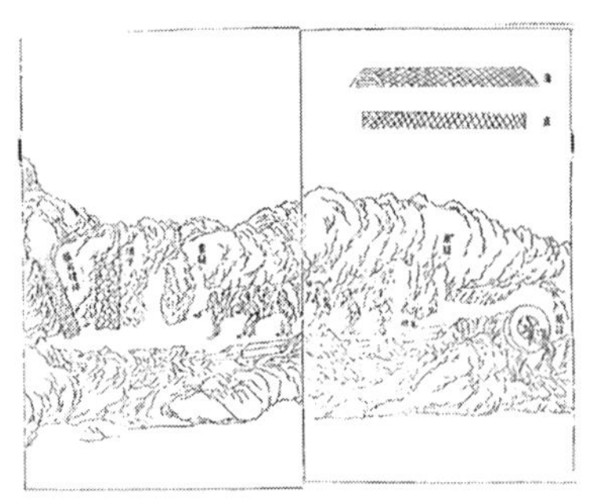

▶ **광산 노동자** 그림 우측 하단에 갱도로 바람을 불어넣고 있는 사람이 묘사되어 있다.

노천에서 채굴하는(노천채굴) 광산, 동조는 지하로 뻗은 광맥을 따라 갱도를 파들어가는(갱내채굴) 광산이다. 윈난 동광산의 대표 격인 둥촨(東川)의 탕단(湯丹)이 노천채굴 광산이었다. 이 동광산은 경작하기에 부적합한 토지에 있는데다 광맥이 지표에서 그리 깊지 않다. 동광산 근처에 저수지를 만들고 주위에서 물을 끌어들인다. 지면을 파내려가 광맥을 노출시키면 우선 불로 암반을 가열한 뒤에 저수지의 수문을 열어서 물을 부어넣는다. 암반의 틈새로 흘러든 물은 급속히 수증기가 되면서 폭발한다. 폭발로 분쇄된 암석을 모아 정련을 하는 것이다. 수증기로 깰 수 없는 단단한 암석은 화약을 사용해서 발파했다. 노천채굴은 효율적으로 채굴을 진행할 수 있어서 노동자 1인당 하루 15~25킬로그램의 광석을 채굴할 수 있었다고 한다. 하지만 폭우가 온 뒤에 절구 모양의 채굴장에 고인 물을 배출하는 작업은 가혹한 노동이었다.

동조는 우리가 보통 떠올리는 광산으로 산속에 갱도를 파고 채굴하는 형태다. 생사를 함께 하는 광산 노동자들은 서로 형제라 부르면서 머리에 '량쯔(亮子)'라는 기름 램프를 단 철모를 쓰고 1일 3교대로 일했다. 하루에 1인당 10~15킬로그램 정도의 광석을 채굴했다. '천수(釺手: 釺은 쇠로 만든 정)', '추수(錘手: 錘는 해머)'라 불린 채굴 담당, '배황(背謊)'이라 불린 광석 반출 담당, 풀무로 공기를 갱도에 주입하는 역할, '수룡(水龍)'이라는 3미터 정도의 대나무 통으로 물을 배출하는 역할 등 분업 체계로 일했다.

구리 정련은 용광로에 광석 40킬로그램과 목탄 1500킬로그램 정도를 교대로 층층이 쌓고 불을 지펴 하루 밤낮에 걸쳐 작업을 한다. 경험 있는 직인(職人)이 화구(火口)를 관찰하며 용광로의 내부 온도를 관리한다. 녹은 구리는 용광로 바닥에 고인다. 가끔 섬광을 내며 끓어오른다. 적당한 때를 가늠해서 쌀뜨물을 끼얹어 용해된 구리 표면이 굳으면 양철 가위로 떼어내 쌀겨로 덮어서 열기를 뺀 뒤 물속에 넣으면 보라색 판동(板銅)이 되는 것이다.

청대 초기, 윈난에서는 둥촨부(東川府)에 보운국(寶雲局)이 설치되어 동전을 주조했다. 연간 3억 개가 넘는 동전을 주조했다고 한다. 그러나 그 이익이 크기 때문에 윈난에서 동전 밀조가 늘어나 사주전(私鑄錢)이 많이 유통되게 되었다. 정부는 윈난에서의 동전 주조를 정지하고 윈난에서 채굴되어 정련된 구리를 윈난 바깥 각지의 조폐국으로 보내는 체제로 변경했다.

구리 운송은 4단계로 나누어졌다. 우선 각 동광산으로부터 시아관(下關)·쉰디옌(尋甸)·둥촨(東川)·자오퉁(昭通) 네 군데에 설치된 '동점(銅店)'으로 운반된다. 동광산 경영자가 책임을 지고 수송비용까지 부담했다. 2단계는 각 동점에서 쓰촨의 루저우(瀘州)에 개설된 '총점(總店)'으로 보낸다. 루트는 두 개였는데, 하나는 쉰디옌로(尋甸路)로서 시아관의 '관점(關店)'에서 쉰디옌의 '심점(尋店)'을 거쳐 전슝(鎭雄)을 통과해 루저우 총점까지 가는 길이고, 또 하나는 둥촨로(東川路)라고 하여 둥촨에서 자오퉁의 '소점(昭店)'을 거쳐 옌진(鹽津)을 통과해 루저우까지 가는 길이었다.

3단계는 루저우 총점에서 한커우(漢口)를 경유하여 장강을 내려가 양저우(揚州)에 이르는 길이다. 구리 운반 전용선으로 수송했는데 무거운 구리를 잔뜩 실은 배가 침몰하는 경우가 종종 있었고, 갈

수기(渴水期)에 배를 끌 노동자의 확보도 어려웠다고 한다. 4단계는 양저우에서 대운하를 이용해 톈진(天津)을 거쳐 베이징의 선착장인 통저우(通州)로 향했다.

## 페스트와 구리

윈난에서 동광산이 전성기를 맞이했던 1772년(건륭 37년), 금광 등 유색광물의 광맥이 분포한 허칭(鶴慶)에서 페스트[57]가 주민을 엄습했다. 이곳은 차마고도에 인접해 있어서 물자의 왕래가 많다. 교역 루트를 따라 페스트가 퍼져나가 1776년(건륭 42년)에는 덩촨(鄧川)과 다리(大理)에서, 1779년에는 리장(麗江)에서도 역병이 발생했다. 전염이 잠시 주춤해지는가 싶더니 1787년(건륭 52년)에 덩촨에서 재발하여 세기(世紀)를 넘겨 1820년대까지 윈난의 광범위한 지역에서 수만 명의 희생자를 냈다. 연호를 따서 '가경대역(嘉慶大疫: 嘉慶 연

57 페스트: 페스트균(*Yersinia pestis*)이 일으키는 질병. 쥐 같은 설치류 동물이 보균하고 있으며, 동물에 기생하는 벼룩을 매개로 인간에게 감염된다. 임파선이 붓는 선페스트, 전신에 퍼져 패혈증을 일으키는 패혈증페스트(흑사병), 폐렴을 동반하는 폐페스트 등이 있다.

간은 1796~1820년)'이라고 불린 일대 역병이 되었다.

1793년(건륭 58년)에 미두(彌渡)의 사도남(師道南)이라는 청년은 「서사행(鼠死行)」이라는 제목의 시에서 역병의 양상을 이렇게 묘사한다.



여기도 죽은 쥐, 저기도 죽은 쥐, 사람들은 죽은 쥐를 호랑이 보듯.
쥐들이 죽은 뒤 불과 며칠 새 사람들이 땅에 고꾸라지듯 죽어나가니.
낮에 죽은 이 셀 수도 없고 해는 빛을 잃어 수심 가득 구름만 피네.
세 사람이 길을 나서면 열 걸음도 못 가 둘이 쓰러져 길을 막는데.
밤에 죽은 이 통곡도 못하고 역귀의 귀기에 등불만 새파랗게 떠네.

東死鼠, 西死鼠, 人見死鼠如見虎。
鼠死不幾日, 人死如圻堵。
晝死人, 莫問數, 日色慘淡愁雲護。
三人行, 未十步, 忽死兩人橫截路。
夜死人, 不敢哭, 疫鬼吐氣燈搖綠。
(『雲南通史』 文藝志 天愚集)

58 인수공통감염증: 주노시스(zoonoses)의 번역어. 인간과 인간 이외의 척추동물 쌍방이 걸리는 감염증으로서, 병원체는 바이러스, 세균, 기생충 등 다양하다. 광견병, 에볼라 출혈열, 앵무새병, 진드기병, 포낭충증 등이 해당된다. 최근 화제가 되고 있는 광우병, 조류인플루엔자 등도 포함된다.

59 개발원병: 개발에 의해 감염증이 만연하게 되는 프로세스. 개발에 의해 인간이 자연에 숨겨진 질병과 조우하게 되는 경우, 또 개발에 관여한 사람들이 선주민의 풍토병에 감염되거나 역으로 선주민이 외부에서 유입된 질병에 감염되는 경우 등이 있다.

페스트는 쥐 같은 설치류가 본래 보균하고 있던 질병이 사람에게 감염되는 것이다. 이렇게 동물이 인간에게 감염시키는 질병을 인수공통감염증(人獸共通感染症)[58]이라고 한다. 인간에 의한 개발 등이 진행됨에 따라 보균동물의 서식 지역에 인간이 침입하거나 서식환경을 파괴당한 동물이 인간 거주지로 틈입하여 인간과 동물이 접촉할 기회가 늘게 되면서 야생동물의 질병이 사람에게 전염된다. 인수공통감염증은 대부분 개발원병(開發原病: developogenic disease)[59]이다.

페스트균을 가진 동물이 윈난성 리장 주변의 산야에 숨어 있었다. 거기가 페스트의 발원지인지 확정하기는 곤란하다. 일설에는 쿠빌라이가 이끄는 몽골군이 윈난을 제압했을 때, 윈난의 풍토병이었던 페스트가 중앙 유라시아로 유출되어 몽골군과 함께 유럽으로 전파되었고 그것이 14세기의 흑사병이 되었다고 한다. 몽골 고원에서는 지금도 타르바간이라고 불리는 야생 마멋이 페스트를 보균하고 있다. 이것 역시 윈난에서 기원한다고 한다. 그러나 최근에 흑사병은 페스트가 아니며 아프리카 야생동물에서 유래하는 출혈열 바

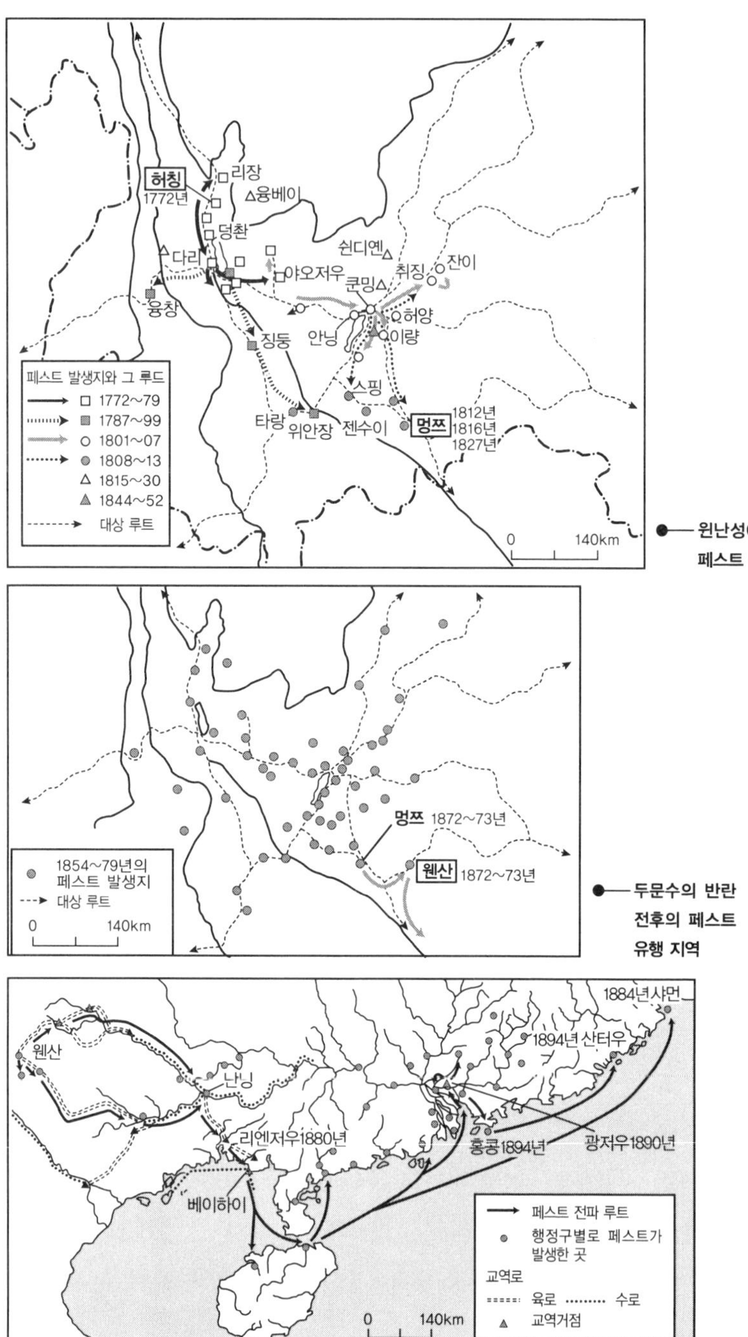


윈난성에서의 페스트 발생

두문수의 반란 전후의 페스트 유행 지역

윈난성으로부터 확대된 페스트

60 見市雅俊, 「黒死病はペストだったのか－ヨーロッパ·ペスト史研究序説」, 『中央大学文学部紀要』 132, 1989; 滝上正, 「黒死病はペストか－黒死病の謎」, 『日本医史学雑誌』 51-4, 2005. －역자



이러스였다고 하는 학설도 나오고 있다.[60] 유럽 인구 3분의 1의 생명을 앗아간 질병의 기원을 윈난에서 찾는 것은 신중을 기하는 편이 나을지도 모른다.

18세기 윈난에서 구리 생산이 급증한 것이 페스트 유행의 배경 중 하나였다는 연구가 있다. 하나는 구리를 생산하기 위해 윈난의 산림을 황폐하게 만들었다는 것이다. 구리 1킬로그램을 정련하는 데에는 10킬로그램의 목탄이 필요하다. 18세기에 연 평균 5000톤의 구리가 생산되고 있었다고 하니, 목탄을 굽기 위해 벌채된 수목의 양은 막대한 수치가 된다. 사료 상으로 확인할 수는 없으나 구리 정련에 따른 대기오염도 삼림 파괴를 가속화했을지 모른다. 야생동물을 둘러싼 생태환경이 격변했기 때문에 페스트균을 가진 설치류 동물이 인간 거주지로 내려와 인가에 출입하는 쥐에게 페스트를 감염시켰다는 스토리는 설득력이 있다.

또 하나는 구리를 생산하기 위해 수많은 노동자가 윈난 외부로부터 유입되었다는 것이다. 증가한 인구가 산야로 흩어져서 페스트균을 가진 동물과 접촉할 기회도 늘었을 것이다. 또 인간의 이동 규

▶ **시장에 늘어선 구리제품들**
맨 앞에 있는 것은 티베트족이 물을 담는 데 쓰는 단지.

모도 커져서 질병이 전파될 가능성도 증대했을 것이다. 구리를 운송하는 마바리가 늘고 페스트균을 지닌 쥐에 붙어있던 벼룩이 짐에 섞여들었을 것으로 보인다. 페스트가 유행한 경로가 구리 반출로와 중복되고 있는 점도 이 가설을 보강한다.



## 국제무역에 좌우된 교역

티베트족 집에서는 버터차가 나온다. 찻잎과 버터, 소금을 넣은 '스라'라는 차통에 부어지는 뜨거운 물은 화덕 위에 놓인 구리 주전자에서 끓는다. 주전자에 담긴 물은 구리로 만든 직경 1미터가 족히 될 커다란 항아리에서 이 역시 구리로 된 표주박으로 길어올린다.

티베트인은 이렇게 구리 제품을 애용한다. 일용품뿐만 아니라 그들이 독실하게 믿는 부처들의 상도 대부분 구리로 만들어진다. 하지만 티베트 고원에는 구리가 거의 나지 않는다. 윈난 동광산에

61 아편: 양귀비(*Papaver somniferum*)의 씨방에 상처를 내서 흘러나온 유액을 원료로 만드는 마약. 양귀비의 종명은 '잠을 촉진한다'는 의미의 라틴어여서, 양귀비의 마약 작용은 옛날부터 알려져 있었다. 불에 그슬려서 흡입하는 방법이 생기자 18세기 중국에 만연했다.

▶ 리장의 구리제품 공방



서 채굴되서 정련된 구리가 차마고도를 따라 고원으로 운반된다. 명대에 차마고도의 교역을 장악했던 리장의 토사 목씨는 구리 가공을 장려했다. 리장 거리에는 청대까지 구리 공방에서 나는 망치 소리가 울려 퍼졌다.

구리 생산은 윈난의 생태환경에 큰 영향을 끼쳤다. 동광산 주변에는 정련에 사용될 목탄을 생산하기 위해 산림이 황폐화되었다. 산업과 삼림 파괴의 관계는 정염 생산과 상황이 비슷하다. 모두 국가의 제도 변화와 산업의 부침이 연동되어 있었다. 다만 구리의 경우, 국내 정세만이 제도를 결정했던 것이 아니다. 간접적이기는 해도 구리에 관한 일본의 정책의 변화가 윈난에서의 동광 정책을 좌우했던 점을 놓쳐서는 안 될 것이다. 구리를 둘러싼 국제무역이 생태환경의 변화에 짙은 그림자를 드리우고 있었던 것이다. 그리고 이와 비슷한 물산 중 하나로서 아편[61]이 있다.

아편전쟁의 전사(前史)로서 인도에서 중국으로 수출된 아편에 대해서는 많은 역사서들이 언급하고 있다. 인도산 아편은 우선 영

62 영국 동인도회사: 1600년에 설립된 아시아 무역 독점권을 지닌 특허 회사. 인도를 통치하고 중국 무역을 독점했다. 19세기가 되자 폐해가 두드러져 1834년 중국무역 독점권이 폐지되고 인도 대반란(세포이의 난)을 계기로 1858년 해산되었다.

63 컨트리 트레이더: 영국 동인도회사 밑에서 인도와 중국 간의 교역에 종사했던 민간 상인. 식민지와 영국 본국 간의 교역에는 가담하지 않고, 희망봉과 홍해의 동쪽에서, 즉 본국에서 볼 때 지방(컨트리)에서 활동했기 때문에 이렇게 불렸다.



국의 동인도회사[62]가 영국 본국에 송금하는 수단으로 사용되었다. 인도산 아편을 중국으로, 그리고 중국의 찻잎을 본국으로 보내고, 찻잎을 매각해 얻은 이익으로 런던에서 회사 경비를 조달하는 메커니즘이 만들어졌던 것이다. 인도에서 중국으로 아편을 운반했던 것은 '컨트리 트레이더'[63]라고 불린 상인이었다. 1830년대에 동인도회사의 중국무역 독점권이 폐지되자, 컨트리 트레이더는 미국까지 포괄하는 국제적 교역 시스템 가운데서 취급하는 아편의 양을 증대시켰다.

부유층에서 시작된 아편 흡인 습관은 중국사회의 중하층까지 확산되어 중독자가 늘어만 갔다. 인도산 아편은 질이 좋기는 했지만 비쌌다. 그래서 등장한 것이 윈난에서 재배된 양귀비로 만든 국산 아편이었다. 1820년대까지 거슬러 올라가는데 19세기 중반이 되면 광시와 광둥 등지로 윈난산 아편이 깊숙이 침투하게 된다. 이것이 구리와 마찬가지로 페스트와 연결되는 것이다.

18세기부터 19세기 20년대까지 윈난에서 유행한 페스트는 인

64 두문수: (1827~1872) 윈난의 무슬림. 무슬림(회족)이 청조 관리로부터 부당한 취급을 받자 1856년에 봉기, 페족, 이족, 한족 등을 이끌고 다리를 공략해 정권을 수립했다. 연대하고 있던 태평천국이 붕괴되자 형세가 역전되어 다리가 함락되기 직전에 자살했다.

65 페족: 한자로 '白'이라 표기한다. 윈난의 다리를 중심으로 160만 명이 거주한다. 불교를 믿지만 도교와 유교의 영향도 받았다. 마을의 수호신으로 '본주(本主)'라는 신을 제사하는 사당이 있다. 가옥은 북방 한족의 가옥과 유사하며 흰색 벽이 아름답다.

66 페스트의 세계적 유행: 아편 교역로를 경유하여 1894년에 페스트가 홍콩에서 폭발적으로 유행했다. 이때 프랑스 의사 예르쟝과 일본의 기타사토 시바사부로(北里柴三郎)가 병원균 확정에 힘썼다. 그 뒤로 중국 각지, 타이완, 일본, 하와이, 북미로 차츰 동진(東進)하는 한편 동남아시아, 인도, 나아가 아프리카로 서진(西進)했다. 근대의 방역체계가 확립되는 계기가 되었다.

간들 사이의 전염이 일단락된 뒤로도 각지에서 설치류 동물에 숨어 있었다고 생각된다. 1856년에 무슬림 두문수(杜文秀)[64]가 페족[65], 이족, 한족 등을 이끌고 봉기를 일으켰다. 그가 다리에 세운 정권과 청조는 1874년까지 윈난의 광범위한 지역에서 항쟁을 벌였다. 18년에 걸친 이 전란은 생태환경의 황폐를 가속화시켰고, 수많은 군마(軍馬)가 이동했기 때문에 다시 페스트를 인간의 역병으로 부활시켜 윈난 전역에 퍼뜨리는 결과를 낳았다.

페스트는 윈난에서 광시로 번졌고 육로와 해로를 거쳐 광둥으로 확대되어 1894년에는 마침내 홍콩까지 다다랐다. 이 경로는 윈난에서 생산된 아편이 운반된 루트와 중첩된다. 국제무역항인 홍콩으로부터 세계 각지로 페스트가 확대되어 세계적으로 유행하게[66] 되었다. 국제무역과 역병, 이 두 가지가 서로 깊이 연관되어 있었던 것이다.

# Ⅳ. 동유라시아라는 공간

67 다리: 고원의 호수 얼하이(洱海)를 굽어보는 역사적 도시. 옛날부터 교통의 요지였고 전에는 '쿤밍(昆明)'이라 불렸다. 8세기에 남조국이 여기에 도읍을 두고 송대에 대리국도 수도로 삼았다. 원대가 되면 현재의 쿤밍으로 윈난의 중심지가 이전되었으며, 근대에는 얼하이 남쪽에 자리잡은 시아관(下關)으로 도시 기능이 옮겨갔다.

▶ 약재를 팔고 있는 티베트족



## 교역회와 동유라시아

윈난을 방문할 때까지 나는 그곳을 중국의 서남부에 위치한 변경이라고만 생각하고 있었다. 그런데 현지에 가서 그곳으로부터 세계를 조감해 보면서 비로소 깨닫게 되었다. 이 땅은 결코 중국의 서남부도 변경도 아니었던 것이다.

1984년 4월 중순에 나는 다리(大理)[67]라는 이름의 고성(古城)에서 있었다. 눈앞에는 이 시기에 다리에서 열리는 '삼월가(三月街)'라는 이름의 교역회(交易會)가 펼쳐져 있다. 농력(農曆) 3월 15일부터 수일간에 걸쳐 열리는 이 교역회의 역사는 유구해서, 일설에는 당대에 관음보살을 제사 지내던 묘회(廟會)로까지 소급된다고 한다. 그것이 수많은 민족이 모여드는 일대 교역장으로 발전한 시기는 원대였고, 명대에도 발전을 거듭했다.

삼월가의 장소는 다리 시가지 동쪽이었다. 도심에서 교역장에 이르는 갓길에는 가벼운 먹거리나 일상 잡화를 파는 노점상들이 들어서 있다. 광장 중심에는 의료, 전기 제품을 취급하는 텐트가 쳐져

68 징포족: 한자로 '景頗'라 표기한다. 미얀마에서는 카친족이라 불린다. 윈난성 서부, 미얀마 북부, 인도 아쌈주 동부의 산악지대에 거주하며 인구는 약 75만 명(중국측 인구는 12만 명)이다. 밭벼 위주의 화전 농경과 정령신앙이 특색이다.

▶ 징포족 여성

있고 한 귀퉁이에서는 티베트족 약재상이 곰발바닥, 사슴뿔, 원숭이 미라, 동충하초를 늘어놓고 있다. 조금 떨어져 있는 텐트에서는 티베트족 의사가 사람들의 증상을 듣고서 티베트문자로 처방전을 써주고 있었다. 많은 여성들이 민족의상으로 단장을 하고 있다. 의상을 살펴보자니 오가는 사람들은 페족, 이족, 티베트족, 한족, 그리고 미얀마 국경 부근 지역에서 온 징포족[68] 등이었다.



옛날을 연상시키는 홍청거림 속에서 말과 소를 거래하는 가축 시장이 서 있었다. 우연히 마주친 상인에게 물어보니 망아지 한 마리가 8백 위안, 송아지는 5백 위안 정도라고 한다. 당시의 물가 수준에서 보자면 망아지 가격은 도시 화이트컬러의 수개월 치 월급에 해당한다. 개최 기간은 짧지만 교역회의 거래 액수는 막대했을 것이다. 시가지의 북쪽 변두리에서는 교역회 기간 중에 경마(競馬)가 열리고 있었다.

인파로 북적이는 다리에서 나는 '루샨(乳扇)'이라고 한자로 표기된 치즈를 만나게 되었다. 중국 요리에 치즈가 나오는 경우는 거의 없다. 유학 중이던 나는 치즈에 굶주려 있었다. 1980년대 당시에 치즈를 손에 넣으려면 상하이로 가서 외국인용 가게에서 수입품을 살

69 비취: 비취휘석($NaAlSi_2O_6$)이 포함된 암석. 고대 중국에서는 옥(玉)이라고 해서 귀중하게 여겨졌다. 옛날에는 동투르키스탄의 호탄 등지에서 산출되는 흰색 비취가 선호되었으나 18세기 이후로는 미얀마에서 수입된 녹색 비취가 선호되었다.

▶ 삼월가의 가축 시장



수밖에 없겠다고 생각하고 있었다.

그런데 이곳 다리에서는 향토 식재료로서 부채꼴로 얇게 펴서 건조시킨 치즈가 버젓이 팔리고 있다. 이듬해인 1985년에 다리를 다시 방문했을 때에는 외국인 관광객을 대상으로 현지 치즈를 이용해 만든 치즈 퐁듀가 제공된다는 것을 알고서 놀란 적이 있다. 다리에서 북쪽으로 가면 목축 위주의 문화권에 접어든다. 이 문화권은 몽골 초원까지 이어진다.

다리라는 도시에서, 나는 이곳이 중국과 티베트 고원을 잇고 더 나아가 몽골 고원에 이르는 루트와 연결된다는 것을 알게 되었다. 이 발견은 나의 지리 감각을 크게 변화시켰다. 이 새로운 지리 감각은 현지에서 입수한 가이드북을 읽고 나서 더 강해졌다. 일찍이 다리에는 서쪽으로부터 미얀마에서 산출된 비취[69]가, 남쪽으로부터는 윈난 남부의 시프송판나에서 나는 찻잎이, 동쪽으로부터는 중국에서 생산된 섬유 제품과 잡화류가 운반되어 왔던 것이다.

다리를 기점으로 주위를 둘러본다. 북쪽은 티베트 고원을 거쳐 몽골 고원으로 시야가 열리고, 동쪽은 구이저우를 거쳐 중국의 중핵지대로, 남쪽은 시프송판나를 거쳐 동남아시아로, 서쪽은 미얀마

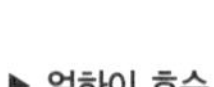
▶ 얼하이 호수

를 거쳐 인도로 확대되는 세계가 떠올랐다.

이 공간을 과연 뭐라고 부르면 좋을까? 2004년에 나는 1년간 윈난에서 거주할 기회를 얻었다. 이때에 너무도 자연스럽게 '동유라시아'라는 말이 내 뇌리에 떠올랐다.



## 동유라시아의 범위

다리를 기점으로 해서 주위를 둘러본다. 이 책에서 맨 처음에 거론했던 찻잎의 교역로는 이곳을 경유해서 얼하이(洱海)라고 불리는 호수의 서쪽 기슭을 따라 고원으로 접어들어 티베트 고원까지 이어져 있다. 그 길을 북쪽으로 더 가면 몽골 고원에 다다른다.

다리에서 동쪽으로 길을 밟으면 구리의 길이 된다. 쓰촨과 구이저우를 거쳐 장강 상류까지 육로로 당도해서 배로 갈아타고 강을 내려오면 중국의 경제적 중핵 지역인 강남(江南)에 이른다. 강남에

70 타이문화권: 윈난 서남부와 미얀마의 샨 고원을 중심으로 타이 왕국 북부, 라오스·베트남 서북부, 인도 아쌈주에 걸친 문화권. 분지 저지대에 거주하는 타이족을 축으로 해서 다양한 민족들이 타이어를 공통어로 사용하며 공존한다.

71 홍허: 베트남 북부에 흐르는 송코이 강의 중국 명칭. — 역자

72 붕전: 경사진 곳에 조성된 계단식 경작지. — 역자



서 동중국해의 해로를 따라가면 17세기에 세계 최대의 구리 산출국이었던 일본 열도에 도착한다. 양저우(揚州)에서 장강과 이별을 고하고 명대에 기능하기 시작했던 대운하로 접어들면 화북(華北)평야를 통과해서 톈진(天津), 그리고 원·명·청나라와 중화인민공화국의 수도인 베이징에 도달할 수도 있다.

다리에서 남쪽으로 향하면 표고가 점차 낮아지면서 시프송판나에 이른다. 이곳은 원래 타이족의 왕권이 지배하던 토지이며 분지마다 정권이 병존하면서 타이문화권[70]을 형성한다. 이 문화권은 오늘날 타이 왕국의 북서부인 첸마이를 중심으로 한 지역까지도 포섭하고 있다. 분지 중심부의 습윤한 토지는 타이족이 정교한 수리 사업을 펼쳐 풍요로운 미작(米作) 지대가 되었고, 분지를 둘러싼 구릉과 산지에서는 화전을 생업의 일환으로 편입시킨 다양한 민족들이 거주하고 있다. 산지 주민들이 차를 이용하기 시작하면서 찻잎을 생산해 왔다. 다리에서 동남쪽으로 내려가면 홍허(紅河)[71] 유역에 접어들어, 하니족이 만든 붕전(棚田)[72]을 바라보며 베트남 북부로 가게 된다.

▶ 타이족의 생활환경

다리에서 서쪽으로 이어지는 길은 중국에서는 '비취의 길'로 알려져 있다. 미얀마에서 산출된 비취는 이 길을 경유해서 중국의 중핵부로 운반되어 청대의 중국인을 매료시켰던 것이다. 미얀마의 미치나에서 남쪽으로 내려가면 바모를 거쳐서 만달레이, 양곤에 이르러 안다만해로 이어진다. 19세기에는 윈난 서부의 텅충(騰衝)으로부터 수많은 한족들이 이 길을 따라 네트워크를 만들어 상업 활동을 전개했다고 한다. 미치나에서 서쪽으로 가는 길은 나그네를 인도로 안내한다.



교역로라고 하는 선으로 연결된 이 지역을, 다리를 중심으로 동심원으로 그려서 면으로 재구성해 보면, 이 책에서 동유라시아라고 부르는 범위가 떠오르게 된다. 지표에서 반경 5백 킬로미터의 원 안에는 윈난성이 그야말로 딱 맞게 들어간다. 반경 천 킬로미터의 원 안에는 중국과 동남아시아 대륙부에 걸쳐 있는 타이 문화권, 티베트 고원 동부와 쓰촨 분지, 중국의 구이저우·광시(廣西)라는 소수민족이 다수 거주하는 지역이 포함된다. 이것은 윈난과 직접 연계점을 갖는 윈난 외연부라고 할 수 있을 것이다.

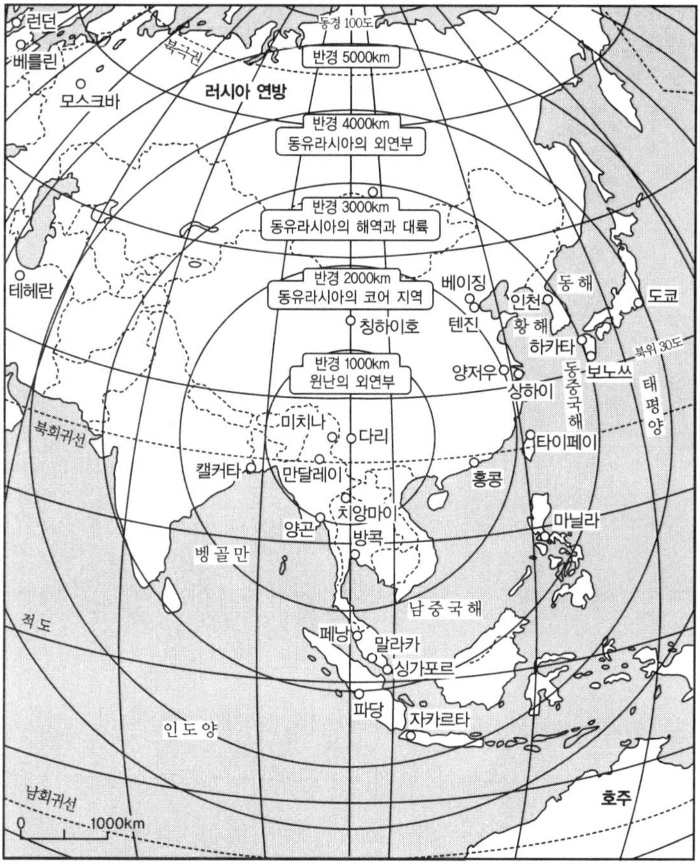

●── 윈난성을 중심으로 한 동유라시아 지도

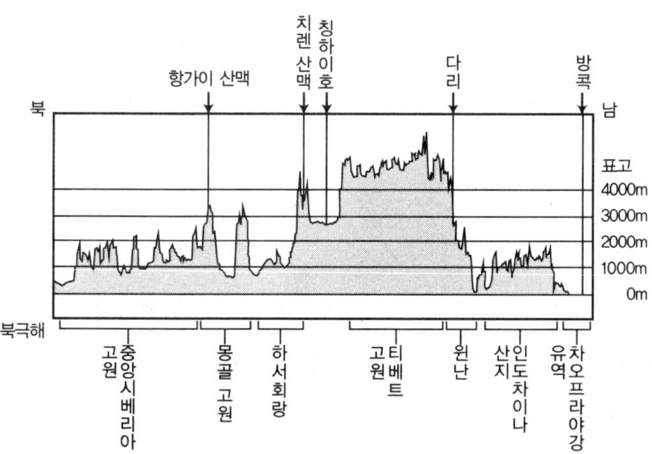


●── 동경 100도의 단면

73 겔룩파: 티베트 불교의 종파 가운데 하나로 황모파(黃帽派)라고도 한다. 15세기에 총카파가 개창했다. 교의를 집대성하여 밀교와 현교의 통합을 꾀했고, 승려는 엄격한 계율 아래 승원(僧院)에서 생활한다. 제5대 달라이 라마 시기에 윈난 서북부에서 다른 종파와 각축을 벌이며 교세를 확장시켰다.

74 총카파: (1357~1419) 티베트 불교 겔룩파의 개조(開祖). 칭하이성 시닝(西寧)에서 태어나 7세 때 출가, 17세 때 중앙 티베트의 사원에서 배우고 36세 때 자기 종파를 세운다. 간덴사를 중심으로 승려 조직을 형성했다.

75 칭기스한: (1162?~1227) 본명은 테무진. 원 태조. 몽골제국의 대(大)한으로서(재위 1206~1227) 몽골제국을 건설했다. 동쪽으로는 서하(西夏)를 멸망시키고 금(金)을 공략했으며 서쪽으로는 호라즘을 정복한다.

다리를 중심으로 반경 2천 킬로미터의 원을 그리면, 티베트 고원의 대부분 지역, 윈난의 티베트족이 신앙하는 티베트 불교 겔룩파(格魯派)[73]의 개조(開祖)인 총카파(宗喀巴)[74]가 태어난 칭하이(青海), 중국 강남 지역과 베이징이 원주 선상에 자리잡고, 타이완, 동남아시아 반도부, 벵골만 부근 인도 세계도 포함되게 된다. 이것이 동유라시아의 중핵 지역이라고 할 수 있다.

동심원을 더 확대해서 반경 3천 킬로미터가 되면, 티베트 고원 전역과 타클라마칸 사막의 오아시스 도시군, 칭기스한[75]을 배출한 몽골 고원, 청조를 건설한 만주족의 고지(故地)인 중국 동북지방, 한반도 전역과 일본의 규슈(九州) 서부가 포함된다. 일본과 중국 사이의 교역 거점이 후쿠오카(福岡)의 하카타(博多)와 가고시마(鹿兒島)의 보노쓰(坊津)였음을 생각하면, 이 범위가 동중국해의 교역권을 포괄하면서 중국으로부터 생사(生絲), 일본으로부터는 16세기에 은, 17세기에 구리가 오고간 범위가 된다. 이 범위 속에는 필리핀과 동남아시아 도서부, 인도 아대륙의 동반부가 포함되어, 동유라시아를 둘러싼 역사의 주요한 무대가 되었다고 생각된다.

76 침향: 동남아시아의 열대우림에 자생하는 서향과의 상록 고목 백목향(白木香 *Aquilaria sinensis*) 등에서 채취된 향목. 모든 목재가 향이 있는 것은 아니고 병충해 등으로 생긴 상처에 특수한 곰팡이가 감염되어 발효되어서 향기 성분이 생겨난다. 최상급은 '갸라(伽羅)'라고 불린다.

77 후추: 인도가 원산지인 덩굴성 식물 블랙페퍼(*Piper nigrum*)의 열매에서 채취한 향신료. 영어의 Pepper는 산스크리트어로 후추를 가리키는 Pippeli에서 유래한 것이다. 실크로드를 거쳐 중국과 일본에도 전해져 정창원(正倉院) 보물에도 후추가 있었다. 명대 이후에는 자바로부터 해로로도 후추가 유입되었다.



## 동유라시아의 생태환경

동유라시아로 묶은 범위는 매우 넓은데다 지세(地勢) 상으로도 세계의 지붕으로 비유되는 히말라야부터 해역(海域) 세계까지를 포함하여 다양한 생태환경을 발견할 수 있다. 교역회가 열렸던 다리는 동경 100도의 위치에 있다. 이 선을 따라 대지의 단면을 남쪽에서부터 밟으면서 동유라시아의 생태환경을 개략적으로 밝혀 보고자 한다.

인도양 위에서 시작된 단면선은 수마트라 섬 중앙부에서 적도와 교차한 뒤, 말라카 해협을 가로질러 말레이 반도에 상륙한다. 남위 10도부터 북위 10도까지의 이 범위는 인도양에서 대량의 수증기를 품은 적도 서풍이 지배한다. 비가 일 년 내내 내려 고온 다습한 조건 아래서 육지에는 높이 50미터를 넘는 열대우림이 번성한다. 식물의 종류는 다양하다. 침향(沈香)[76] 같은 향목(香木)이 벌채되며 후추[77] 같은 특산물도 적지 않다.

▶ **열대 계우림** 열대우림은 높이 50미터 이상의 고목이 수관(樹冠)을 가로막는 데 반해서 열대계우림에서는 높이 30미터 정도의 수관을 관통해서 50미터 정도의 고목이 도처에서 자란다.

단면선을 좀더 북쪽으로 더듬어 가면, 일단 타이 만으로 들어간 뒤에 타이 왕국의 수도인 방콕을 스치듯이 지나 동남아시아 대륙부를 전진한다. 타이 문화권의 남단에 속하는 첸마이를 경유하면 윈난과도 연속되는 구릉 산지와 분지가 뒤섞인 세계가 나온다. 이곳 북위 10도부터 북회귀선 언저리까지에 걸친 지역에서는 사계절이 없고, 연중 적도 서풍이 북상하여 대량의 비를 쏟는 우기와, 이 바람의 띠가 남쪽으로 내려와서 건조해지는 건기로 나뉜다. 북상할수록 건기가 길어져서 식생은 계우림(季雨林) 위주가 된다. 하지만 복잡한 지형이 펼쳐져 있어, 산지와 구릉에서는 기온이 내려가기 때문에 계우림보다 상록광엽수림이 보이는 곳도 많다. 이 책에서 거론했던 차나무는 이러한 생태환경 속에서 자생하고 있던 식물이다.

단면선은 다리를 통과한 지점부터 티베트 고원의 전위(前衛)라고나 할 산악지역에 접어든다. 스구(石鼓)라고 불리는 진사강(金沙江)의 도하(渡河) 지점을 통과하여 리장에 사는 나시족의 신앙 대상인 위룽쉐산(玉龍雪山, 해발 5596미터)을 동쪽으로 우러러 보면서 점차 표고를 올려 티베트 고원 동부를 종단한다. 고원을 벗어나려 하

▶ 칭하이 호반의 티베트족 텐트

는 지점에서 중국 최대의 호수인 칭하이호(青海湖)의 호수 면을 건너게 된다. 이 범위는 표고가 4천 미터 전후이기 때문에 한랭한 기후에 적합한 침엽수와 관목, 혹은 초원이 펼쳐진 대지가 된다. 여기에 거주하는 사람들은 계곡을 따라 비교적 온난한 곳에서는 쌀보리를 재배하고 고원의 초지에서는 야크 같은 가축을 방목하면서 살고 있다. 고산 지대에 적응한 동식물 중에는 사향, 동충하초처럼 티베트 의학과 한방의 약재가 되는 것들이 적지 않다.



히말라야 산맥을 넘는 비구름은 많지 않다. 동유라시아 자연의 특색은 이 티베트 고원이 인도양으로부터 공급된 습한 대기를 단절해 버린다는 데에 있다. 고원 북쪽에 공급된 수분은 주로 북극해로부터 온 것이다. 따라서 티베트 고원 북부에는 남쪽은 건조해서 사막이 되고 북쪽으로 올라갈수록 습윤해져서 타이가라고 불리는 거대 수림지대를 시베리아에서 형성하게 된다.

고원의 북쪽 기슭에는 고산지대에 쌓였던 눈이 여름에 녹아내린 뒤 복류수(伏流水)가 되어 내려와서, 그 물이 사막 도처에 동서로 열을 짓듯이 지표면에 용천수(湧泉水)로 솟아난다. 이 샘물을 잇는 선이 바로 오아시스의 길로서 실크로드가 되는 것이다. 지금까지 우리가 답사한 동경 100도 선은 고원을 내려간 곳에서 황허(黃河) 상류의 하서회랑(河西回廊)을 가로지르면서 눈앞에 고비 사막을 펼친다.

횡단선은 북위 45도 부근으로 알타이 산맥을 넘어서 몽골 고원의 서부에 이른다. 몽골 고원 북부에도 산지가 연속된다. 북쪽 산지는 비교적 습윤해서 수림이 보인다. 몽골 제국이 성립하기 전까지 몽골족은 이 수림 지대에서 수렵 채집을 하고 있었다. 그 산지로부터 흘러내린 물이 풍요로운 초원을 배양하여 유목을 생업으로 삼는 민족이 활약하는 무대를 만들어 나갔다.

## 동유라시아의 탄생

동유라시아는 다양한 생태환경을 감싸며 각각의 자연 조건에 따라서 다양한 생업이 나타난다. 이러한 동유라시아는 과연 언제

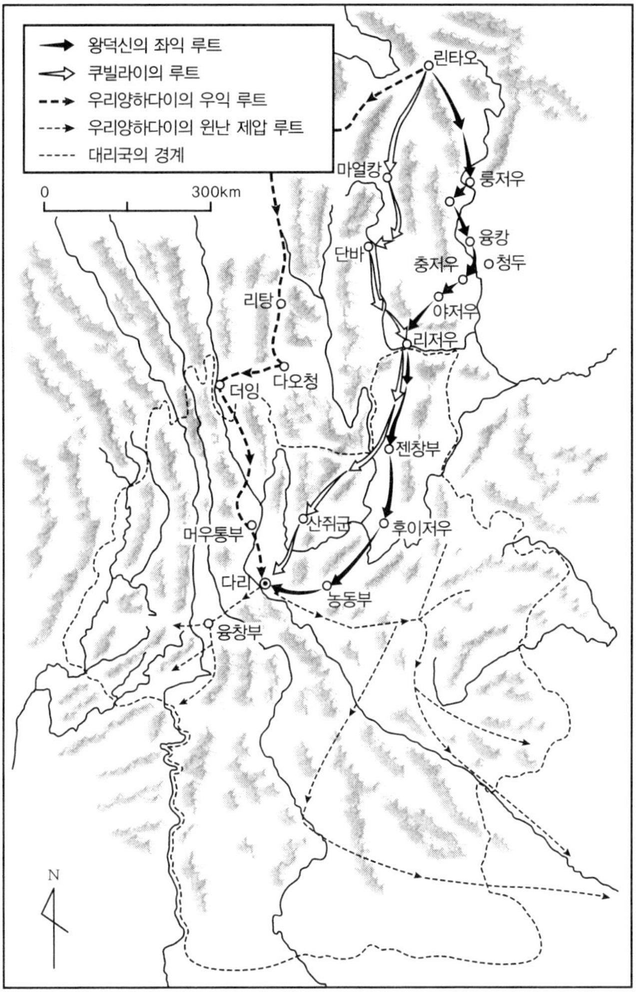

몽골군의 윈난 침공 루트

**위룽쉐산** 몽골군이 통과하는 것도 굽어보고 있었던, 리장 나시족이 신앙하는 산.

78 한무제: (B.C. 159~B.C. 87) 전한(前漢) 제7대 황제(재위 B.C. 141~B.C. 87). 한의 최고 전성기에 유학을 관학으로 삼고 몽골, 베트남, 한반도로 세력의 확대를 꾀했다. 재정을 조달하기 위해 소금, 철, 술의 전매제를 시행했다. 『사기(史記)』를 지은 사마천(司馬遷)이 이 시대의 인물.

79 흉노: 고대 몽골의 유목민족으로 묵특선우(冒頓單于, 재위 B.C. 209~B.C. 174) 치세에 세력을 확대, 한을 세운 유방(劉邦)을 백등산(白登山)에서 포위하고 흉노에 유리한 조건으로 강화를 맺었다. 흉노는 한나라가 매년 보내온 재물로 세력을 유지할 수 있었다.

80 장건: (? ~B.C. 114) 흉노를 협격하기 위해 무제가 중앙 유라시아의 대월씨(大月氏)에게 파견한 인물. 도중에 흉노에게 잡혀 억류되지만 탈출해서 B.C. 126년 한나라로 귀환한다. 『한서(漢書)』 열전에 그가 중국과 중앙 유라시아를 연결하는 인도 경유 루트에 관한 정보를 얻은 경위가 기록되어 있다.

통합성을 갖춘 역사적 무대가 되었던 것일까?

동유라시아의 중심에 자리잡은 윈난의 역사를 과거로 소급해 올라가면 기원전 2세기 경까지는 이미 윈난을 관통하는 물류(物流)가 존재했다. 한(漢) 무제(武帝)[78]는 유라시아 초원에서 세력을 신장해 나가고 있던 흉노(匈奴)[79]와 대항하기 위해서 장건(張騫)[80]을 중국 서부로 파견했다. 십여 년의 고난 끝에 귀국한 장건은 중국의 쓰촨에서 직조된 견직물 등이 윈난을 경유해서 인도로 운반되고 있다고 하는 놀라운 정보를 가져온다. 무제는 흉노의 세력권을 우회하여 윈난을 거쳐 인도에 이르는 루트를 개척하여 명마(名馬)의 산지와 통행하려는 계획을 세운다.

그러나 쓰촨에서 인도에 이르는 물류는 각지에 거주하는 민족들 사이를 릴레이식으로 연결하는 것이었던 듯하다. 따라서 하나의 루트로 확립되어 있지 않았기 때문에 무제의 시도는 실패로 끝난다. 당시의 교역은 생태환경을 변용시킬 정도의 규모는 아니었다. 교역 루트가 두터워지는 획기는 13세기 중반에 찾아온다.

81 몽케: (1208~1259) 몽골 제국 제4대 한. 칭기스한의 손자. 동쪽으로는 동생 쿠빌라이로 하여금 남송을 공략시키고 서쪽에서는 훌라구를 파견해서 압바스 왕조를 멸망시켰다. 남송 공략 도중에 병사한다.

82 우리양하다이: (생몰년 미상, 13세기) 몽골 제국의 무장. 유럽 원정 경험도 있다. 몽케가 한으로 즉위하는 데 영향력을 발휘했고 쿠빌라이의 윈난 공략을 보좌했다. 1254년에 대리국을 점령, 57년에 안남을 침공했다.

83 왕덕신: (1222~1259) 옹구트족 출신. 원래 금나라의 무장이었으나 몽골 제국에 투항했다. 몽케의 남송 공략 때 합주(合州) 공방전(조어성(釣魚城) 전투)에서 전사했다.



몽골 고원에서 칭기스한이 세운 몽골 제국은 제4대 한 몽케[81] 시기에 중국을 넘볼 정도로 확대된다. 몽케는 동생 쿠빌라이에게 중국 공략을 맡겼다. 당시 중국 남부에서 명맥을 유지하고 있던 남송(南宋) 정권은 장강을 천연의 방위선으로 삼고 있었다. 기마 전투에만 의존하던 몽골군은 이 방위선을 돌파하지 못 한다. 몽케는 쿠빌라이에게 장강 중하류 지역을 우회해서 윈난을 제압하고 배후에서 남송을 위협하라고 명령한다.

몽골의 정복전쟁에서는 기본적으로 우익·좌익과 중군(中軍)으로 나누어 진군하여 적을 협격하는 전술이 이용된다. 1253년 여름에 린타오(臨洮)에서 쿠빌라이군은 세 방면으로 갈라졌다. 우리양하다이[82]가 이끄는 우익(서부 루트)은 티베트 고원의 동쪽 계곡을 헤집듯이 남하했다. 왕덕신(汪德臣)[83]이 인솔한 좌익(동부 루트)은 쓰촨 분지로 들어가 남송의 지방군을 격파하고 청두(成都)를 함락시킨 뒤 산을 넘어 윈난으로 갔다. 쿠빌라이의 본대는 쓰촨 서부를 통과해 남하했다.

84 마르코 폴로: (1254~1324) 이탈리아의 베네치아를 1271년에 출발해 육로로 원나라 대도로 가서 쿠빌라이의 신하가 되어 윈난 등지로 파견되었다. 귀로는 1290년 취안저우(泉州)에서 출발한 바닷길이었다. 『동방견문록』을 구술했다. 다만 상인이라면 반드시 기록했을 터인 차에 관한 언급이 없고, 중국 사료에 그에 관한 기록이 없기 때문에 그가 직접 중국에 도달했다는 것을 의심하는 연구자도 있다.

이들 3개 군세(軍勢)의 목적지는 교역의 요충이던 다리(大理)였다. 그해 가을, 다리를 지배하고 있던 단씨(段氏) 정권은 몽골에게 멸망을 당한다. 이듬해에 쿠빌라이는 대도(大都)로 개선하지만 부하 우리양하다이가 남아 윈난을 평정하는 동시에 베트남으로까지 세력을 확대하려 했다.



1260년 쿠빌라이가 한이 되어 원 왕조를 세우자 윈난은 제국 남부의 요충이 된다. 쿠빌라이를 섬겼다고 전해지는 마르코 폴로[84]는 『동방견문록』에서 당시 윈난의 상황을 생생하게 묘사하고 있다. 보기 드문 풍속뿐만 아니라, 쓰촨의 소금이 윈난에서 화폐로 사용되고 있었던 것, 오늘날의 미얀마 영역 내에서 주 3회의 정기시(定期市)가 열려 먼 곳으로부터 상인들이 모여들었던 것 등 교역에 관한 기록도 남기고 있다.

> 야치시(쿤밍)을 나서 서쪽으로 10일을 가면 카라잔 왕국(다리)에 도착한다. …… 이 나라에는 사금(砂金)을 캘 수 있는 강이 몇 개나 있고 호수와 산에서도 커다란 금덩어리가 채취된다. 여기서도

85 세조평운남비: 1304년에 원의 제2대 황제인 테무르가 자신의 부친 쿠빌라이의 윈난 공략을 기념하여 세운 비. 마모가 심해서 청대의 지방지 등에 비문이 게재되어 있음에도 비에 남아 있는 글자와 일치하지 않는다. 『雲南史料叢刊』 第3卷에 해설이 있다.

▶ 위구르족 시장(카슈가르)



자패(紫貝)가 화폐로 사용되고 있다. 하지만 이 조개는 이곳에서 나는 것이 아니라 인도에서 가져오는 것이다.

마르코 폴로는 인도와 윈난을 잇는 루트가 이용되고 있었음을 전해주고 있다.

내가 다리의 교역회인 삼월가를 방문했을 때 광장에서 글자가 마모된 돌비석을 보았다. 비석은 (원 세조—역자) 쿠빌라이의 다리 정복을 기념해서 세운 '세조평운남비(世祖平雲南碑)'[85]였다. 비석 앞에 섰을 때 나는 윈난을 중심으로 광대한 공간이 존재할 것임을 예감했다. 쿠빌라이의 원정에 의해 몽골 고원과 윈난이 연결된 1253년에 동유라시아가 탄생했다고 볼 수 있다.

## 동유라시아의 역사

윈난을 공략한 몽골 제국은 그 뒤로 단숨에 남송을 친다. 쿠빌라이는 중국을 정복하는 과정에서 중국적 관료기구를 갖춘 원 왕조를 건설한다. 이 원 왕조가 핵심이 되어 동유라시아의 다양한 생태환경 사이를 잇는 교역이 비약적으로 활성화된다. 윈난 서남부에서 생산된 찻잎이 상품으로 등장하는 것도 이 시기였고, 헤이징(黑井)의 염정에서 몽골인 감독관 아래 본격적인 제염이 시작된 것도 이 시기였다.

동유라시아 전역을 조감해 보면 장강 하류 지역에서 직조된 질 좋은 견직물, 징더전(景德鎮) 등의 요업지에서 구워진 도자기가 유라시아 전역으로 수출되게 되었다. 중국산 물품의 흐름과는 반대 방향으로 대량의 은이 중국에 유입된다. 원 왕조는 상업세나 염세 같은 형태로 시장에서 은을 징수해서, 원 황제를 몽골 제국의 맹주로 승인받는 보답으로 유라시아 각지의 몽골 정권에 은을 하사했

86 위구르족: 터키계 민족으로 8세기에 몽골 고원에 왕국을 세웠다. 9세기에 왕국이 붕괴되자 남하하여 사막 지대의 오아시스 도시에 정주하며 실크로드 교역을 담당했다. 몽골 제국의 발흥기에 재정을 뒷받침했다. 불교와 마니교를 믿었지만 나중에 이슬람교를 받아들인다.

87 무슬림 상사: 오르토크라고 불린다. 몽골 제국 치하에서 위구르족과 무슬림 등의 상인이 조직하여 육상과 해상 교역을 맡았다. 제국 내의 정권과 깊이 연결되어 은을 축으로 한 제국 재정을 지탱했다.

88 이와미 은광: 시마네(島根)현에 있는 은광. 1526년에 하카타(博多) 상인에 의해 발견되어 17세기 전반에는 연간 38톤의 은을 산출했다.



다. 이 은이 위구르족[86]과 무슬림이 경영하는 상사(商社)[87]에 투자되어 다시 중국 물산을 구입하는 데 사용되었다. 그래서 이러한 교역을 은의 대순환이라고 부른다.

몽골 정권은 상업 활동을 보호하고 교통의 안전을 약속했기 때문에 육지와 바다를 둘러싼 원격지 교역이 성행하게 되었다. 이 교역은 은의 순환에 의해 뒷받침되었다고 한다. 그러나 동유라시아에 존재한 은의 절대량이 확대된 교역의 규모를 지탱할 수 없게 되는 14세기가 되면 경제가 정체되기에 이른다. 원 왕조의 뒤를 이어 중국을 지배한 명 왕조는 원격지 교역을 억압하는 정책을 취할 수밖에 없었다.

장기 불황을 넘어선 15세기 중반에 중국에서는 은에 의존하는 경제가 부활했다. 게다가 때마침 일본에서 이와미(石見) 은광[88]이 발견되고 스페인인이 아메리카 대륙으로부터 필리핀의 마닐라로 은을 유입시키게 되어, 동유라시아 전역이 보유한 은의 양이 증대되면서 원격지 교역이 확대되는 페이스가 가속화되었다. 이리하여

89 상업의 시대: 동남아시아사 연구자인 앤서니 리드(Anthony Reid)가 15~17세기의 동남아시아를 'the age of commerce'라고 부른 데에서 시작된 용어. 상인이 사치품을 중심으로 은 같은 귀금속을 가지고 거래했다.

90 항시: 해안과 하천의 교역 루트 요충에 입지한 항구가 발달하여 정치와 군사 기능까지 갖게 된 것을 말한다. 동남아시아의 정치형태를 논의하는 가운데서 확립된 개념이다. 인도차이나의 참파, 말레이반도의 말라카, 타이의 아유타야 등이 대표적인 항시이다.

15세기 후반부터 17세기에 걸쳐 동유라시아는 중국의 물산을 축으로 해서 '상업의 시대'[89]에 돌입한다. 이 교역과 함께 동유라시아 각지에서 생태환경이 격변하기 시작했다.

열대우림과 계우림이 펼쳐진 동남아시아에서는 바다에 접한 항시(港市)[90]에 거점을 둔 상인들이 하천을 거슬러 삼림의 물산을 찾아 내륙으로 들어갔다. 삼림에 사는 사람들도 원격지 교역용 상품을 얻기 위해서 삼림과 마주선다. 인간과 생태환경의 관계는 크게 변화했다. 중국에서도 장강 하류 델타 지역이 교역을 위한 양잠과 뽕나무 재배 등으로 특화되고 이 수공업 지역에 대한 식량 공급지로서 장강 중하류에서 미곡 생산에 적응하는 자연의 변화가 진행되었던 것이다.

17세기에 동유라시아의 교역은 다시 벽에 부딪힌다. 백년 가량의 모색기를 거쳐 18세기에 새로운 시스템이 생겨났다. 새 시스템의 요체는 산업의 진흥. 은과 구리 같은 귀금속을 쥐고 교역에 참가하는 것이 아니다. 해외에서 수입해 오던 물산을 자국 내에서 생산

91 세계상품: 국가의 틀을 뛰어넘어 거래되는 상품. 견직물, 도자기, 후추 등의 사치품부터, 18세기가 되면 차, 설탕, 면제품 등의 일용품으로 비중이 옮겨간다. 흑인 노예가 세계상품이 되었던 시대도 있다. 20세기에는 고무, 석유, 자동차가 새로운 세계상품이 되었다.

92 산업의 시대: 18~19세기 동유라시아에서의 교역의 특징을 명시하기 위해 필자가 만들어낸 조어. 귀금속으로 원격지 교역에 가담하는 것이 아니라 수입을 대체할 물산을 국산화하거나, 국제적 교역에서 환영받을 물산을 정책적으로 생산하는 체제를 만들어내는 것을 산업화라고 부른다. 18세기에 동유라시아 각지에서 이런 움직임이 발견된다.

하거나, 물산을 수입하는 데 필요한 외화의 획득을 목적으로 세계상품[91]을 생산하기 때문에, 기반에서부터 새로운 생산 공정을 정책적으로 만들어내는 것이다. 18세기부터 19세기까지의 시기를 '산업의 시대'[92]라 부를 수 있다.

일본에서는 에도(江戶) 바쿠후(幕府) 아래 생사의 국산화가 추진되고 은·동을 대신할 수출상품으로서 다와라모노(俵物)라고 불린 해산물이 산업으로 육성되었다. 특히 홋카이도(北海道)의 다시마, 아오모리(靑森)부터 산리쿠(三陸) 해안에 걸친 전복 등은 중국에서 고급 식재료로 환영을 받았다. 네덜란드와 영국은 동유라시아의 식민지에서 세계상품을 생산하는 산업을 플랜테이션으로 육성했다. 이러한 산업 진흥은 생태환경을 근저에서부터 변화시켰다.

93 생태환경: 생태계(ecosystem)와 거의 동의어지만, 어떤 특정한 생물을 중심으로 생태계를 전체적으로 본다는 점이 강조된다. '생태'라는 말은 본래 ecology의 번역어가 아니라, 일본의 식물학자 미요시 마나부(三好学, 1862~1939)의 조어로서, 식물의 세계를 미관(美觀)이라는 관점에서 전체적으로 본다고 하는 뉘앙스가 내포되어 있다.

## 생태환경사의 방법

생태환경[93]이란 에너지와 물질의 흐름이 통제하고 유지하는 시스템이며, 생태환경사란 그 시스템이 질적으로 변화해 가는 프로세스를 규명한다. 지구에 생존하는 다양한 생물 하나하나에 대해서 각각의 생태환경을 상정할 수 있는데, 예컨대 호랑이를 주인공으로 한 생태환경사를 묘사해 내는 것도 가능하다. 생태환경사를 역사학 속에 자리매김하고자 한다면 인간이 에너지와 물질의 흐름을 어떻게 변화시켰는지, 그 변화가 인간을 포함한 생태환경을 어떻게 변용시켜 마침내 인간에게 어떻게 피드백되는지, 이런 테마들을 다루게 될 것이다.

생태환경사는 종래의 환경사와 다르다. 환경사는 인류의 영역과 자연의 영역을 구별하고 자연을 인류의 환경으로서 정태적으로 보는 경향이 강하다. 이에 반해서 생태환경사는 인간을 포함한 시

94 조엽수림 문화: 식물학자 나카오 사스케(中尾佐助)가 『재배식물과 농경의 기원』(1966)이라는 책에서 필드워크에 기초하여 제시한 농경문화에 관한 논의를 철학자 우에야마 슌페이(上山春平) 등이 일본문화의 기원론과 연결시킨 개념. 조엽수림 문화가 서부 일본과 연결된 데 반해서, 조몽(繩文) 문화와 동부 일본의 문화론으로서 '너도밤나무숲(ブナ林) 문화'론이 제기되고 있다.

95 극상: 식물 군락이 천이(遷移)해서 최종적으로 도달하는 단계. 식물 군락은 기후적으로 정해진 극상으로 수렴한다고 되어 있었지만, 최근에는 극상으로 간주된 군락 내에서도 식물은 역동적으로 뒤바뀐다는 것이 분명해져서, 조건의 차이에 따라 극상이 변화한다고 여겨지게 되었다.



스템 전체를 동태적으로 규명하려고 한다.

윈난성의 사례를 들어서 설명해 보자. 윈난의 환경과 민족 문화의 관계를 논하는 틀 가운데 하나로서 이른바 '조엽수림 문화'[94]론이라는 것이 있다. 이 용어는 '조엽수림'이라는 식생(植生)의 극상(極相)[95]을 분류하는 학술용어에 '문화'라는 말을 결합해서 만들어졌다. 조엽수란 여름에 비가 많은 온난한 기후에 적응하는 떡갈나무, 녹나무, 싸리나무, 차나무 같은 수목을 가리킨다. 조엽수림은 동유라시아에서 히말라야 남쪽 기슭부터 인도의 아쌈, 동남아시아 북부와 윈난을 지나 장강 하류 지역을 거쳐 일본 서남부까지 이르는 지역에 펼쳐져 있다.

조엽수림 문화론은 재배식물에 대한 연구에 의거해서 제창된 것이다. 조엽수림이라는 식물이 만들어내는 환경에 대응해서 인간은 농경문화를 발전시켰다. 거기서는 토란·참마 같은 감자류, 조·피 같은 잡곡류가 재배되며, 습윤 온난한 기후의 혜택을 받아 수목이

96 화전: 열대, 아열대 기후에 적응한 농업. 무더운 토지에서는 유기물의 분해가 빠르고 토양이 메말라 산화가 진행되기 때문에 유기물이 수림에 비축되어 있다. 그래서 삼림에 불을 놓아 개척하면 토양이 개량되고 중화된다. 불탄 수목의 뿌리를 그대로 두고 경작하기 때문에 수년 경작한 뒤에 방기하면 십수년만에 수림이 회복된다. 그러나 최근에는 화전농업이 과도하게 이루어져 수림의 회복능력을 뛰어넘어 사막화가 진행되고 있다.

왕성한 회복력을 보이는 점을 이용해서 화전(火田)[96] 농경이 발달했다고 한다. 재배작물의 공통성에 대응하여 조엽수림이 펼쳐진 지역에서는 비슷한 먹거리 가공·조리 방법이 발견되며, 주식인 감자류와 유사한 찰진 식감의 먹거리가 선호되고, 낫토나 식해 같은 발효식품들이 식탁을 장식하게 되었다.



농경과 식생활, 기호 등의 요소를 조합한 것을 '문화복합'이라 부른다. 다양한 민족이 사는 윈난은 조엽수림 문화의 원형을 보존하고 있다고 간주되어, 문명의 기원으로서 오리엔트의 비옥한 초승달 지대를 본뜬 명칭인 '동아반월호(東亞半月弧)'의 중심으로 주목받기에 이르렀다.

그런데 이러한 연구는 자칫하면 문화적 요소를 발견하는 데에만 급급해서 각각의 민족이 걸어온 역사를 소홀히 하기가 쉽다. 특히 조엽수림 문화를 일본 문화의 원형으로 간주한 결과, 윈난 소수민족의 문화 속에서 일본과 유사한 부분만을 떼어내서 살펴보는 식의 논의가 많이 발견된다. 극상이란 식물 군락(群落)이 천이(遷移)해

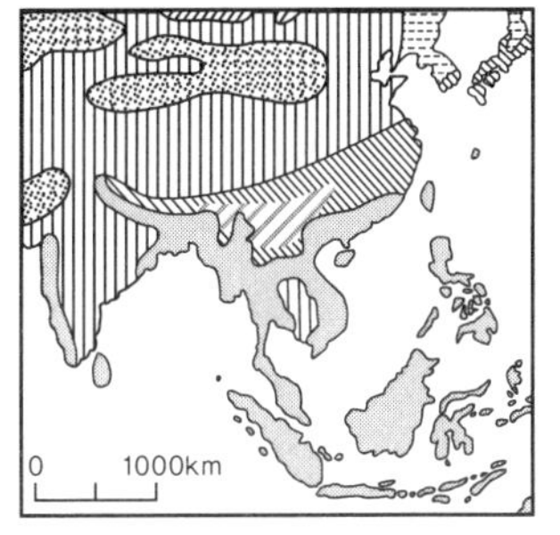


▶ 동아반월호

【출전】上山春平 外, 『續·照葉樹林文化』, 中央公論社, 1976에서 작성.

서 최종적으로 도달한 안정된 상태를 뜻하기 때문에, 극상림의 이름을 딴 문화론은 정태적이기 쉬웠던 것이다.

윈난에서는 13세기 중반부터 교역이 활발하게 이루어져 찻잎, 소금, 구리 같은 물산이 생태적 범위를 뛰어넘어 왕래했다. 찻잎 생산 때문에 산지에 거주하는 민족이 종래 산림과 맺어왔던 관련 방식이 바뀌는 경우도 있었다. 소금과 구리를 생산하기 위해서 에너지원으로 산림의 목재가 벌채되어 생태환경의 악화를 초래하는 경우도 많았다. 노동자가 대량으로 유입된 것을 계기로 하여 생태환경 가운데 숨어 있던 전염병이 인간 사회로 침투한 경우도 있었다.

생태환경사는 자연과 인간을 이분법적으로 보지 않는다. 물질과 에너지의 흐름에 주목하여 생태계라 불리는 거대한 시스템 속에서 인간의 영위를 응시하려는 하나의 시도인 것이다. 학문으로서 생태환경사가 걸어갈 길은 막 시작되었을 뿐이다. 동유라시아 생태환경사 역시 앞으로 어떻게 전개되어 나아갈지 기대해 주시기 바란다.

# 보론 - 환경과 제국: 보패(寶貝)의 생태환경사

아프리카 동부를 십 수만 년 전에 출발한 인간은 '위대한 여정(great journey)'이라 일컬어지는 이동을 감행하는 가운데 맨몸에 걸친 의복과 주거라는 도구를 손에 넣음으로써 지표상의 거의 모든 생태계에 적응하면서 극지권 한랭 지대부터 적도권 열대지대에 걸친 다양한 지역에 살 수 있게 되었다.

지표 각지에 정주한 인간은 기본적으로 자신이 생활하는 생태계 속에서 살아나갔다. 인간 생활의 장이 된 생태학적 공간의 범위를 인간의 생태환경이라 부르기로 하자. 일정한 범위의 생태환경 속에는 기온과 강수량 등에 조응해서 초목이 자라고 그 식생에 적응한 동물이 서식한다. 인간은 초목으로부터 열매와 씨, 뿌리와 이파리 등을 채집해 식료로 삼고, 동물로부터 고기와 뼈, 털과 껍데기 등을 취해 자재로 삼았다. 인간은 주위의 생태환경에서 획득한 물자를 지속적으로 이용하기 위해 각각의 생태환경에 조응한 개성적인 문화를 창출해냈다.

다양한 생태환경에 적응할 수 있었던 인간만이 다른 동물과는 다른 특징을 갖고 있었다. 자신들이 살고 있는 생태환경에는 존재

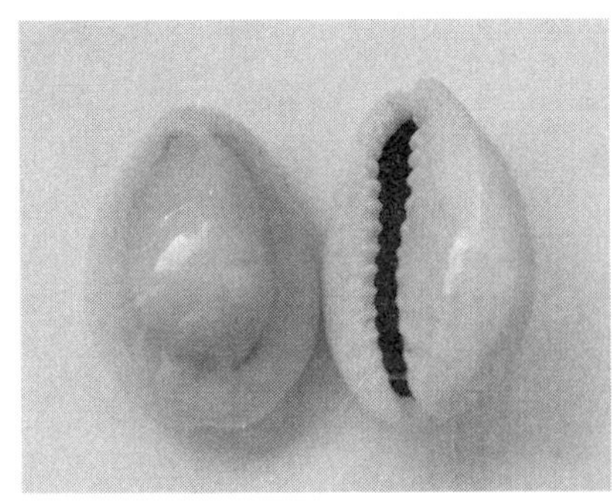

▶ 환문조개

하지 않는 물자를 다른 생태환경에서 사는 인간들로부터 손에 넣을 수 있게 되었던 것이다. 생태학적 범위를 뛰어넘어서 물자가 이전된다. 이 능력을 얻음으로써 인류는 생태환경을 자기 구미에 맞게 뒤바꿀 수 있게 되었다.



생태환경의 범위에 부응해 성립해 있던 문화들 사이에 그 차이를 뛰어넘어 물자를 거래하는 것은 상이한 문화들 사이에 공통의 규칙이 없으면 매우 곤란한 일이다. 물자의 가치가 어느 정도 되는지를 기록할 필요가 생긴다. 이를 위해 통일적인 역(曆)이 편찬되고, 기록을 남기기 위해 문자가 발달한다. 교역 장소로부터는 도시가 발생한다. 서로 다른 문화들에 교역 규칙을 강제하고 위반자를 단속하기 위해서 권력이 생겨나고 이를 정당화하기 위해 특정한 종교나 이데올로기가 발달한다.

문명은 좀 더 많고 다양한 물산을 훨씬 효율적으로 교역할 수 있는 방향으로 발전한다. 문명들이 서로 항쟁하는 가운데 효율적인 교역을 하는 문명이 그렇지 못한 문명을 멸망시키는 사태도 발생한다. 결국 문명 간의 도태에 의해서 효율적인 교역이 우세를 점하게

[출전] Jan Hogendorn and Marion Johnson, *The Shell Money of the Slave Trade*, Cambridge University Press, 1986, p. 8.

황보조개와 환문조개의 서식 범위

97 柄谷行人,『帝国の構造』, 青土社, 2014 참조.

98 중복족목(中腹足目) 보패과(寶貝科)에 속하는 조개의 일종. 달걀형 사기질 껍질로 덮여 있고 껍질이 맞물리는 양쪽은 톱니 모양으로 오므라져 있으며 등 쪽에 무늬가 있다. '보배'의 어원이기도 하다. – 역자

되는 과정도 생겨난다. 교역 방법은 제도화된 약탈에서 시작하여 호수(互酬), 공납, 징수로 효율성을 높여나가다가 최종단계인 시장으로 귀착된다.

'제국(帝國)'이란 호수에 근거한 다종다양한 지역 내 교역을 파괴하지 않은 채 포섭하고 공납을 하게 해 중앙에 묶어둠으로써 형성되는 문명의 한 형태다. 제국과 '제국주의' 국가는 구별된다. 후자는 근대 이후 세계를 뒤덮는 시장이 형성된 뒤로 이 세계시장에서의 헤게모니를 장악하기 위해 대외적·군사적 팽창을 하는 주권국가로서, 지역 내 교역을 파괴하여 자기 시장으로 편입시키려 한다.[97] 전근대의 '제국'과 근대의 '제국주의' 국가 사이의 공통점으로는 그 정권이 직접 통치하는 영역의 주변지역으로 정치적 영향력을 미치는 점을 들 수 있다.

이 장에서는 교역이라는 관점에 입각해서, 얼핏 보면 관계가 없어 보이는 환경과 제국을 연결하는 '재화'의 본원적인 특질을 밝히기 위해 보패[98]의 사례를 거론할 것이다.

재화로서의 가치를 부여받은 보패는 단지 예쁘다는 이유만으로

선택된 것이 아니다. 인간이 특별한 의미를 부여했던 보패는 환문(環紋)조개(학명 *Cypraea annulus*)와 황보(黃寶)조개(학명 *Cypraea moneta*) 두 종류뿐이다. 이들보다 크고 모양도 예쁜 보패가 수없이 많았음에도 불구하고 인간은 자연 속에서 이들 두 종류만 선별해냈던 것이다. 환문조개와 황보조개는 일본에서는 보소반도(房総半島) 이남의 연안부터 호주에 이르는 태평양, 나아가 인도양 연안의 아프리카 대륙 동부해안에 걸친 광범위한 해역에서, 만조 때 바닷물에 잠겼다가 간조 때 드러나는 조간대(潮間帶)의 암초나 산호초에 서식한다. 바꿔 말해서 대서양이나 온대·한냉대 해역에는 서식하지 않는 것이다.

그렇게 지구상에 편재(偏在)함에도 불구하고, 보패를 귀중하게 여겼던 지역은, 내가 아는 범위에서만도 신석기 시대의 동아시아, 티벳 고원, 몽골 고원부터 발트해에 면한 리투아니아, 서아프리카 연안지역부터 콩고 등의 내륙에 이른다. 보패가 서식하는 해역에 면하지 않은 지역에서는 인간의 교역에 의해 반입되었던 게 분명하다.

이들 지역 중에서도 특히 장기간 지속적으로 보패를 재화로 인정해왔던 지역 중 하나가 바로 동유라시아의 중핵에 자리잡은 윈난이다. 1955년 이후 윈난의 진닝현(晋寧縣) 스자이산(石寨山)과 장촨현(江川縣) 리지아산(李家山)에서 기원전의 분묘가 연이어 발굴되었는데 그 가운데 대량의 보패가 출토되었다. 그 수량은 엄청나서 스자이산에서 14만 9천 매, 중량으로 400kg, 리지아산에서는 11만 2천 매, 300kg이 넘었다. 보패의 종류는 환문조개가 압도적으로 많았고 황보조개가 약간 포함되어 있었다. 환문조개의 경우에 크기가 거의 비슷한데 길이 24mm, 폭 18mm, 두께 17mm 정도이다. 이 크기는 그 뒤로 윈난에서 발견된 보패와 공통된다.

고고학적인 발굴에 근거하면 윈난에서 보패가 중시되었던 시기는 기원전 5세기부터 기원 1세기에 걸친 오랜 기간이었던 것으로 보인다. 그 후 윈난에서는 남조국(南詔國, 8세기 중반~902년)과 대리국(大理國, 937~1253년, 쿠빌라이에게 항복)에서 보패가 화폐로 사용되었다. 그 뒤로도 보패는 통화로서 계속 유통되었다.

이 장에서는 원과 명이라는 제국 아래서 보패가 윈난에 화폐로 유지된 과정, 청나라 통치 하에서 보패 화폐가 단기간에 와해된 이

유를 탐색한다. 그 사정권 안에 교역을 뒷받침한 화폐론이 포함되게 될 것이다.

## 몽골 제국 시기 윈난의 보패



일본에서는 『동방견문록』으로 알려진 마르코 폴로의 책 『세계기록』 가운데서 폴로는 보패에 대한 기록을 남기고 있다.

> 5일 여정의 끝에 큰 도시가 나타났다. [카라잔(윈난)의] 도읍으로서 야치라고도 하는데 엄청나게 크고 번듯하다. 상인과 직인들이 많이 있다. 인종도 다양하고 마호멧을 숭배하는 자, 우상숭배자, 그리고 적지만 네스토리안 기독교도가 있다. ……화폐를 갖고 있는데, 설명하자면 이렇다. 바다 속에서 볼 수 있고 강아지 목에 매달기도 하는, 하얀 보패(원문=porcelain)를 사용한다. 보패 80개가 은 1사쥬, 즉 2베네치아그로스에 상당한다. 순은 8사쥬가 순금 1사

99 야치시, 즉 쿤밍의 오기(誤記)이다.

100 高田英樹 訳,『マルコ・ポーロ, ルスティケッロ・ピーサ: 世界の記－「東方見聞録」対校訳』, 名古屋大学出版会, 2013.

쥬에 해당함을 숙지해야 할 것이다. (이하, 인용은 모두 프랑크-이탈리아어판)

또 다리(大理)에 카라얌 혹은 카라얀이라는 지명을 붙이고 있는 대목에서는 이렇게 말한다.



> 캬치시[99]를 출발해서 서쪽으로 10일 정도 가면 카라얌 지방이 나온다. 왕국의 수도도 카라얀이라고 부른다. …… 이 지방에서도 앞서 말했던 보패를 화폐로 사용한다. 원래 그 조개는 이 지방에서 나지 않는데 인디에(후술)로부터 갖고 온다고 한다.[100]

폴로의 기록에서 가장 주목할 만한 것은 이 보패가 "이 지방에서 나지 않는데 인디에로부터 갖고 온다"고 하여 원격지 교역에 의해 보패가 유입되고 있음을 명기하고 있는 점이다.

보패 화폐가 80개를 단위로 서술되고 있는 것도 윈난의 실정을 정확히 반영하고 있다. 통화로서 보패가 사용된 실태가 사료에서

101 보패의 암거래.

분명해지는 것은 13세기 중반에 몽골 제국이 대리국을 항복시키고 윈난을 통치하면서 원대의 한적에 기록이 남게 되면서부터다. 13세기 말 윈난의 상황을 기록한 이경(李京)의 『운남사략(雲南史略)』에 따르면, 패화 1매를 〈장(庄)〉, 4장을 〈수(手)〉(4매), 4수를 〈묘(苗)〉(16매), 5묘를 〈색(索)〉(80매)으로 했다. 즉, 폴로는 〈색〉이라는 현지의 단위로 패화를 보았던 것이 된다. 패화로서의 보패는 하나씩 거래되었을 뿐 아니라 등에 뚫린 구멍으로 80매씩 끈으로 묶여서 거래되고 있었던 것 같다.

몽골 제국이라고 하는 커다란 틀 속으로 편입된 윈난에서는 보패가 패화로서 광범위하게 유통되었는데, 이 보패는 어디서 갖고 왔던 것일까? 원조 치하에서 편찬된 법령집인 『통제조격(通制條格)』의 권 18 「관시(關市)」에는 윈난의 보패에 대하여 「사파(私𧵳)[101]」라는 항목을 두어 이렇게 서술하고 있다.

> 지원(至元) 13년(서력 1288년) 4월 13일. 중서성(中書省)이 다음과 같은 상주(上奏)를 제출했다.

102 해상교역을 관장하는 관청.

윈난성에 근무하는 케레이트라는 무슬림으로부터 작년에 다음과 같은 제안이 있었다. “강남 지방에서 매매하는 자가 파자(貝八子)(보패)를 갖고 윈난으로 와서 각종 물산과 교환하고 있다. 매매하는 자가 몰래 [윈난의 물산을] 갖고 가는 것은 금지했으나, 강남 지방의 시박사(市舶司)[102]에는 보패가 체류(滯留)하고 있으니 [강남 상인이 보패를] 갖고서 윈난에 와서 금이나 말로 교환해 돈을 벌게 해도 좋을 것입니다.”

황제로부터 “그리 하도록 하라”는 성지(聖旨)가 내려져 작년에는 보패를 갖고 오는 것을 허락했다.

당시에 현지 관리가 말한 바에 따르면, “윈난에서 보패가 유통되고 있는 지역은 교초(交鈔)와 마찬가지로 협소하며, 만일 보패가 대량으로 유입된다면 물가가 상승하여 현지 백성의 생활에 영향을 미칠 것이다. 화북(華北) 출신자가 보패를 갖고 이곳(윈난)으로 오는 것은 실로 금지해야 마땅하다”고 한다.

이 두 가지 견해는 서로 일치하지 않는다. 그래서 [중서성은] “그곳의 많은 관리들은 각자 케레이트와 협의해서 다시금 보고토록 하라”는 내용의 문서를 내렸다. 이제 그렇게 협의한 결과, “[보패를] 반입하는 것은 온당치 않다. 물가가 올라서 백성의 생활에 영향을 준다. 백성이 반입하는 것도, 관리가 반입하는 것도 모두 금지하도록 해야 할 것"이라는 보고가 올라왔다.

우리(중서성)가 검토한 뒤에 "반입하지 않도록 하는 것이 어떻겠습니까?"라고 상주한 바, "반입하는 것을 중지토록 하라"는 성지를 받았다.



보패를 강남으로부터 반입해도 좋지 않으냐고 상주했던 케레이트는 한자로 '겁래(怯來)'라고 표기되어 있다. 산시(山西)성 타이위안(太原) 출신으로서 당시에는 윈난 행성(行省)의 사무관을 맡고 있었다. 그의 말에 따르자면 윈난에는 강남 시박사(후술)에 체류하고 있던 보패가 유입되었다고 한다. 그런데 윈난 출신의 관리들은 그 폐해를 상부에 고했다. 보패가 대량으로 유입되면 패화의 가치가 떨어져 윈난 백성의 생활에 악영향을 끼칠 것이라는 말이다.

윈난 행정기관의 입장에서 보자면 강남으로부터 대량의 보패가 반입되어 패화가 폭락하면 징세 때 징수했던 패화의 가치가 하락할

103 家島彦一 訳,『大旅行記 6』, 平凡社, 2001.

우려가 있었다. 백성의 생활을 안정시키는 것을 표면에 내세우고 있지만, 실제로는 윈난 지방에서 조세 제도를 유지하는 것이 목적이었음을 간파할 수 있다.

당시에 윈난으로 반입된 보패의 산출지로 알려진 장소는 인도양에 있는 몰디브 제도였다. 이븐 바투타는 인도 남서 해안을 2년 정도 여행한 뒤에 바다를 건너 몰디브 제도로 건너갔다. 여기서 그는 보패 교역의 실태를 직접 견문하게 된다.



> 이 제도에서 주민들이 매매 때 쓰는 화폐는 〈와다우〉(보패)다. 보패란 바닷속에서 채집한 생물이다. 주민들이 그 생물을 해안의 구멍 속에 놔두면 생물의 육질 부분이 없어져 하얀 껍질만 남는다. …… 섬 주민들은 이 보패를 가지고 벵골인들로부터 쌀을 구입한다. 보패가 벵골지방 사람들이 사용하는 화폐이기 때문이다.[103]

바투타는 몰디브에서 약 8개월간 체재하면서 아내를 맞아들이고 법관으로서 재판을 맡기도 한 뒤에 벵골로 건너간다. 그리고 동

104 방글라데시 북동부의 도시. – 역자

부 벵골에서 메그나강을 거슬러 올라가 실렛(Sylhet)[104]까지 발길을 옮기고 있다.

산호초 환초(環礁)로 이루어진 몰디브 제도에서는 작물이 재배되지 않는다. 코코야자 섬유로 만든 노끈과 보패를 벵골로 수출하고, 주식인 쌀을 이것과 교환해서 수입해 왔던 것이다. 노끈은 인도양을 항행하는 다우선의 널빤지를 봉합하는 데 사용되었다. 보패는 벵골에서 예멘으로도 수출되었으며, 무슬림 상인들이 수단 등 아프리카 대륙으로도 싣고 갔다. 동쪽으로는 윈난으로 반입되었다.

마르코 폴로와 이븐 바투타, 그리고 원대의 한적 사료를 종합해서 추측해 보면, 몽골 제국이 유라시아의 대부분 지역에서 세력을 과시하고 있던 13세기의 80년대부터 14세기 중반에 걸쳐서 윈난으로 보패가 반입된 루트는 세 가지였다.

하나는 타일랜드 만에서 채집된 보패를 타이왕국 남부의 롯부리 등지로부터 스코타이를 경유해서 인도차이나 반도의 여러 분지들을 거쳐 윈난 남서부의 시프송판나로 갖고 오는 루트. 또 하나는 인도양의 몰디브 제도에서 채집된 보패를 선박으로 벵골로 운반하고 거기서부터 미얀마를 경유해 윈난 서부의 더훙(德宏)까지 오는 루트. 그리고 마지막으로 원 왕조가 인정하지 않은, 푸젠(福建) 등지에 설치된 시박사에 체류하던 보패를 중국 내지를 거쳐 윈난으로 반입한 밀수 루트가 있었다.



## 명 왕조와 보패

윈난에서는 원대를 이은 명대에도 보패가 패화로서 널리 유통되고 있었다. 이른 시기의 기록은 『명실록』 홍무(洪武) 28년(1395년) 9월 을미(乙未) 조에 주원장(朱元璋)이 호부상서(戶部尙書)에게 내린 상유(上諭)인데, "민왕(岷王)의 나라인 윈난은 식량이 부족하므로 이 왕국에는 매년 쌀 6백석을 제공하라. 금은은 왕부에 비축하고 전(錢)·초(鈔) 및 해파(海肥)(보패)는 포정사(布政司)에게 보내 지출에 대비하도록 하라"고 되어 있다.

105 『실록』에는 홍무 35년이라는 실재하지 않는 연호가 적혀 있다. 이것은 주체(朱棣)가 영락제(永樂帝)로 즉위하기 전, 역사책에 '정난(靖難)의 역'으로 기록된 쿠데타로 쓰러진 제2대 황제의 사적(事蹟)을 전부 말살하고자 본래의 연호였던 건문(建文) 4년을 지워버리고 홍무라는 연호를 사용하고 있기 때문이다.

106 『明實錄』 卷 15.

이 상유가 나온 시기에 윈난은 명 왕조의 세력 아래 편입된 지 아직 몇 년밖에 되지 않아서 지배가 불안정한 상태였다. 윈난에 봉(封)해진 왕족도 현지에서 자급할 수 없어 식량을 제공받고 있었다. 행정을 담당하는 관청인 포정사에 대해서도 난징을 도읍으로 삼은 중앙 정부의 지시에 따라 중국 내지로부터 동전·지폐와 함께 보패가 보내져 현지에서의 지불에 대응케 했던 것이다.

여기서 앞의 원 왕조 치하의 보패에 대한 방침과 명대의 정책 사이에 큰 차이가 있음을 알아챘을 것이다.

보패는 명대 내내 패화로서 유통되고 있었다. 『명실록』을 펼쳐보면 매년 마지막 항목에 그해의 재정통계 수치가 실려 있다. 일례로 1402년을 살펴보자.[105] 항목을 인용해 보면 "해파는 4만 8894색(索)"이라고 되어 있다.[106] 1402년에 징수한 해파, 즉 보패의 개수는 1색을 80매로 하면 약 400만 매다.

1503년의 기사에서는 공부(工部) 좌급사중(左給事中)인 장문(張文)이 동전 주조에 대해 논한 문장이 수록되어 있다. 호부(戶部)는 홍치통보(弘治通寶)를 주조하면서 전국적으로 동전을 보급시켜야

107 지역 내에서 유통되는 화폐.

108 『明實錄』 卷 197, 弘治 16年 3月 戊子.

한다고 제안했다. 장문의 의견은 호부의 이 제안에 반대하는 내용으로서, 동전 1만 관(貫)을 주조하는 데 은 10량이 필요한데 동전을 천하에 보급시키려면 막대한 비용이 든다. 그뿐만이 아니다. "내 생각에 토화(土貨)[107]가 특수하면 교역의 실태도 달라진다. 윈난에서는 해파를 쓰고 쓰촨(四川)과 구이저우(貴州)에서는 회향(茴香) 모양을 한 특수한 은이나 소금·면포가 사용되며, 장시(江西)와 후광(湖廣: 湖北·湖南)에서는 쌀이나 은·면포가, 산시(山西)와 샨시(陝西)에서는 종종 모피가 통화로 사용되고 동전은 보급되지 않는다. 갑자기 바꾸려 해도 곤란하다"고 말한다.[108]

명대 말기에 이르러서도 보패는 패화로서 유통되고 있었다. 1619~21년에 윈난에 부임해 있던 사조제(謝肇淛)가 저술한 『전략(滇略)』에는 이렇게 기재되어 있다.

> 해내(海內: 중국 내지)에서는 교역에 모두 은과 동전을 사용하지만 윈난에서만은 조개를 쓴다. 조개도 작은 것은 푸젠과 광둥에서 산출된다. 가까운 데서 가져오는 조개는 라오스 방면의 바다에서

천리를 멀다 않고 다발로 묶어서 가져온다. 보통 〈파(貝巴)〉라고 부른다. 사용할 때에는 1매를 1〈장(粧)〉으로, 4장을 1〈수(首)〉(4매)로 하며 4수를 1〈민(緡)〉(16매) 혹은 1〈묘(苗)〉라 부르고, 5민이 1〈훼(卉)〉(80매)가 된다. 훼가 곧 〈색(索)〉이다.

보패를 헤아리는 단위는 앞서 소개했던 원대의 단위와 한자 표기는 다르지만 일치하고 있다.

교역 루트를 대신해서 보패를 공급했던 것은 명 왕조 자신이었다.

『명실록』 영락(永樂) 원년(1403년) 정월 무자(戊子) 조에 윈난의 다리에 봉해진 여남왕(汝南王)에 대해 1년간의 봉록으로 초(鈔) 2만 정(錠)과 함께 해파 10만 색(索)이 하사되고 있다. 중앙 정부의 지시에 따라서 중국 내지로부터 윈난으로 보내졌던 보패는 명 왕조가 조공무역을 통해 해외에서 획득한 조개였던 것으로 보인다. 실록의 기록에 따르면 윈난에 부임했던 관료의 봉급도 보패로 지불되고 있었음을 알 수 있다. 1445년에 호부는 다음과 같이 상주하고 있다.

> 윈난에서 매년 징수하고 있는 세량(稅糧)의 양은 적다. 도지휘(都指揮) 등 관료의 봉급은 현물 쌀을 지급하는 이외에 해파로 환산하여 지불하고 있다. 이제부터는 쌀 1석을 감하는 대신 지불하는 [보패의 개수를] 추가하고자 한다. 이전에는 쌀 1석 당 해파를 70색으로 환산했지만, 지금 쌀값이 올라있기 때문에 [삭감한 쌀 1석 당] 30속(束)을 늘려야 할 것이다.[109]

이 상주 역시 재가를 받았다.

명 왕조 측에서 본 류큐(琉球)왕국에 대해서는 명의 법례(法例)를 모은 정덕(正德) 『대명회전(大明會典)』 권 105의 조공 항목에 아래와 같이 기재되어 있다.

> 류큐국
>
> 태조(太祖)가 정한 원칙에는 대(大)류큐국(오키나와)으로부터의 조공은 항상 받아들인다. …… 영락 연간 이후로는 국왕이 바뀔 때마다 항상 책봉하도록 요구해왔다. 나중에는 중산왕(中山王)만 책봉을 받으러 오게 된다. 중산왕은 대대로 쇼씨(尚氏)라 칭하고 있

109 『大明英宗睿皇帝實錄』 卷 134, 正統 10年 10月 辛丑.

110 한문으로 기록된 류큐왕국의 외교문서 모음집. – 역자





> 다. 2년 1회의 조공, 선박 당 100명을 기준으로 하고 많아도 150명을 못 넘게 하며 조공 사절은 푸젠(福建) 민현(閩縣)을 경유토록 한다. 공물은 말(馬), 도(刀), 금은 주해(酒海), 금은 분갑(粉匣), 마노(瑪瑙), 상아(象牙), 나각(螺殼), 해파, 국자선(擢子扇), 니금선(泥金扇), 생홍동(生紅銅), 주석, 생숙하포(生熟夏布), 우피(牛皮), 강향(降香), 목향(木香), 속향(速香), 정향(丁香), 단향(檀香), 황숙향(黃熟香), 소목(蘇木), 오목(烏木), 후추, 유황, 마도석(磨刀石) 등이다. 이 가운데 상아 등은 궁정에 바치고 유황, 소목, 후추는 난징의 해당 창고로 반입한다. 말은 그대로 푸젠의 역체(驛遞)에서 사용하고 마도석은 푸젠 관청의 창고에 보관한다.

공물들 가운데 보패(해파)가 언급되어 있는데, 전후의 항목과 맞춰보자면 아마도 나각(야광패) 등과 함께 난징의 창고로 반입되게 되어 있었다고 추측된다.

『역대보안(歷代寶案)』[110]에 따르면, 1434년의 조공 때에 류큐의 사절은 보패 규정량인 550만 개와 추가분 38만 8465개를 푸젠으로 반입하고 있다. 2년 1회로 정해져 있던 조공 사절 때마다 이 정도의

111 『明史』卷 220, 列傳, 外國 4·琉球.

양을 공납할 수 있었는지는 알 수 없으나, 명대 후기까지 공납품 가운데 보패가 포함되어 있었던 것만은 분명하다.

1436년에 보패를 둘러싸고 약간의 트러블이 발생했다. 류큐에서 온 조공 사절이 다음과 같이 주장했다는 것이다.





"푸젠으로 들어왔을 때 공납만 보고하고 사적으로 가져온 해파와 나각에 대해 보고하는 것을 깜빡 잊고 있다가 죄다 관청에 몰수당해 버렸습니다. 그래서 왕래할 비용에 차질이 생기게 되었습니다. 제발 사정을 헤아려 주시기 바랍니다." 황제께서는 규정대로 대가를 지불하도록 명하셨다. 이듬해에 조공 사절이 저장(浙江)에 도착했을 때, 응대하는 관리가 다시 사절이 갖고 온 것을 몰수하려 한다고 신청했다. 황제께서 이렇게 말씀하였다. "번인(番人)은 무역을 해서 이익을 얻는다. 두 가지 물건(보패와 나각)을 몰수하면 어찌하란 말인가. 모두 돌려주도록 하라."[111]

조공무역에서는 공물 외에 사절이 관허(官許)상인에게 매각할

112 토양 단면을 조사하기 위해 판 사각 형의 호(壕). — 역자

113 新田重清, 「基地内文化財調査概要: 御物城の考古学的知見」, 『沖縄県立博物館紀要』 3, 1977.



물산을 갖고 오는 것이 허용되고 있었다. 몰수된 보패는 사절이 준비해 온 것이었다. 『역대보안』에 있는 추가분이란 판매용 보패였던 것 같다.

조공에 따른 정식 공물과 매각용 물산으로 대량의 보패가 필요했던 것이다. 이 사실은 발굴 자료를 통해서도 확증할 수가 있다.

류큐왕국은 조공을 위해 왕래하는 진공선(進貢船)이 정박하는 나하(那覇) 항구의 작은 섬에 오모노구스쿠(御物城)라는 저장시설을 세워두고 있었다. 석회암 기반 위에 북동쪽으로 열린 아치 문이 남아 있다. 미군 군항 부지 내에 있던 오모노구스쿠 터에서 1977년에 이루어진 발굴 조사에서는, 구스쿠 내 부지의 북쪽 일각에 사방 1.5미터의 피트(pit)[112]를 만들어 파내려간 바, 청자, 백자, 천목(天目) 등 무역용 도자기와 함께 대량의 보패가 출토되었다. 백자 중에는 13세기 말부터 14세기경의 것이 포함되어 있었고, 청자 대부분은 15세기에 푸젠의 룽취안요(龍泉窯)에서 만들어진 것이라고 한다.[113]

마찬가지로 나하 항에 있던 와탄지무라(渡地村) 유적지의 발굴

114 『渡地村跡: 臨港道路那覇1号線整備に伴う緊急発掘調査報告』, 那覇市文化財調査報告書 第91号, 2012.

115 松原孝俊, 「朝鮮における伝説生成のメカニズムについて: 主に琉球王子漂着譚を中心として」, 『朝鮮学報』 137, 1991.

조사에서는 보패가 23종류, 8018점 확인되었다. 그 중에서도 14세기 후반부터 15세기 전반기에 속하는 지층, 즉 명 왕조의 홍무 연간부터 영락 연간에 걸친 시기에 해당하는 층으로부터는 5593점의 보패가 출토되었는데, 그 내역을 보면 환문조개가 69%, 설보(雪寶)조개가 19%였으며, 15세기 후반부터 16세기 전반기의 명대 중기에 해당하는 지층에서 나온 683점 가운데 환문조개가 60%, 설보조개는 31%여서 환문조개가 다수를 점하고 있었다. 흥미로운 것은 근세 시기의 지층에서 출토된 519점은 환문조개 46%, 설보조개 44%여서 환문조개의 비율이 낮아졌다는 점이다.[114]

16세기 중반이 되면 명 왕조의 해금(海禁)정책이 무너지기 시작해 중국의 밀무역 상인, 포르투갈 모험상인이 중국해역의 교역을 담당하게 되면서 류큐의 조공무역은 쇠퇴한다. 이럴 때에 보패기 어떻게 류큐로부터 수출되었던 것일까? 그 실태를 기록한 사료는 남아 있지 않지만, 한 가지 실마리로서 『조선왕조실록』에 기재된 사건 기록이 있다.[115]

116 제주 목사(牧使) 이기빈(李箕賓)과 판관(判官) 문희현(文希賢)을 가리킨다. – 역자

1611년, 도요토미 히데요시에 의한 조선 침략(임진왜란·정유재란)의 기억이 아직 남아 있던 시기에 제주도에 일본인을 태운 한 척의 배가 표착(漂着)했다. 제주도를 통치하고 있던 지방관은 이를 왜구의 해적선으로 간주하고 싸웠는데, 알고 보니 그 배는 중국 상선이고 화인(華人)이 탑승해 있었다. 그런데 이듬해, 지방관의 보고에 거짓이 있다고 하여 사헌부(司憲府)로부터 탄핵이 내려졌다.

> [제주도의 지방관들[116]이] 작년에 '왜(倭)'를 잡았다고 포상을 받았는데, 듣자하니 배의 승무원은 중국인(南京之人)과 베트남 상인(安南商賈)이고 화물과 조개를 적재하고 바다를 표류하다가 상륙한 것이라고들 한다. 배가 매우 커서 한 척에 열 개도 넘는 돛을 달고 있었다니 이는 분명 왜구의 배가 아니다. 처음에는 표착자를 지방관이 우대했었는데 환대가 거듭되는 가운데 배에 가득 실려 있던 보물에 현혹되어 재물을 가로채려는 마음이 생겨 승무원을 학살하고 조개와 화물을 몰수했다. 무고한 사람 백 명의 목숨을 빼

117 『朝鮮王朝實錄』 光海君 4年 2月. 탄핵에 대한 응수 과정에서 새로운 요소가 등장한다. 탄핵을 당한 쪽은 "중국인이라고 하지만 이미 왜구와 배에 함께 타고 교역을 한 이상 불순한 무리라는 것은 의문의 여지가 없다"고 강변했는데, 여기서 류큐 사신이라는 새로운 요소의 존재가 밝혀진 것이다. 즉 실록에는 "배에는 류큐 사신이 함께 타고 있었다. 그의 연배는 스물 대여섯 살로 한문에 조예가 있고 지방관에게 보낸 글에는 비장감이 있었다. 중국 상인 수십 명은 일본인만 죽이고 중국인의 목숨은 보전해 달라고 호소했으나 결국은 전원이 살해당하여 비밀리에 부쳐졌다. 그 배에 실려 있던 화물은 황견사가 백오십 석, 명주·마노 등이 천여 점에 달했다"(『朝鮮王朝實錄』 光海君 5年 正月 丙戌)고 되어 있다. 그런데 이후 시간이 경과하면서 '류큐 사신'이 타고 있었다는 기록은 또 다르게 바뀐다. 즉 "류큐국 왕자가 보패를 가득 싣고 왔다"는 기술로 변화한 것이다(『朝鮮王朝實錄』 仁祖 3年 正月 丁巳). 이렇게 전승이 변화된 이유는 무엇일까? 류큐가 일본의 막번체제로 편입된 지 불과 몇 년 만에 표착이라는 사건이 일어났기 때문에 류큐에 대한 조선의 동정심이 작용했던 것으로 추정된다.

앗고 증거를 인멸하기 위해 배를 불태워 버렸다.[117]

이 배가 실제로 무엇을 적재했었는지 확실한 정보는 알 수 없다. 화물이 강탈되었을 뿐더러 선박 자체가 소각되었기 때문이다. 그러나 보패를 가득 싣고 있었다는 기록만은 남아 있다.

제주도에 표착한 배는 이 시기 해역(海域) 아시아의 양상[118] 중 일부를 엿볼 수 있게 한다. 그 배에는 화인, 안남인, 왜인, 류큐인이 탑승했고, 화물로 황견사(黃繭絲), 진주, 마노, 보패 등이 실려 있었다. 선박의 소유자는 중국 상인이었으며 표착한 계절은 음력 6~7월이었다.

화물의 산지와 목적지를 정리해 보면, 가설로서 다음과 같은 관계를 상정해 볼 수 있다.

118 당시 해역 아시아에는 히라도에 거점을 둔 이단(李旦: 취안저우泉州 출신) 등이 해역세계에서 세력을 과시하고 있었다. 일본의 유력자가 발행한 주인장(朱印状)을 획득해서 베트남의 통킹이나 필리핀의 루손 등지로 선박을 파견해 교역을 전개하는 동시에 타이완으로도 주인선(朱印船)을 파견했다. 중국과 일본 사이의 중계 지점으로서 타이완을 활용하기 위한 포석을 깔았던 것이다. 한편 류큐가 일본의 막번체제로 편입되는 등, 해역 아시아는 16세기의 무정부적 상황으로부터 점차 육상 정권에 의해 관리되는 18세기의 상황으로 이행해 나갔다.

황견사=안남→일본(히라도 平戶)

진주·마노=동남아시아→중국(푸젠)

보패=류큐→중국

계절풍과 화물의 관계로 미루어 볼 때, 이 배는 베트남에서 생사(일본 행)와 마노(중국 행) 등을 적재하고 출범해서, 사쓰마(薩摩) 침공의 상처가 채 아물지 않은 류큐에 기항해서 보패를 가득 실은 뒤에 일본으로 항행하던 중 알 수 없는 이유로 표류해 제주도에 당도했다고 상정할 수 있다. 만일 표류되는 불운이 없었더라면 일본에 기항한 뒤 중국으로 향했을 것이다.

해역 아시아에서는 조선·항해 기술의 향상을 배경으로 다각적 무역이 진행되고 있었고, 그런 가운데 거래되었던 물산의 하나로서 보패가 있었던 것으로 보인다.

119 方国瑜, 「雲南用貝作貨幣的時代及貝的來源」, 楊寿川 編著, 『貝幣研究』, 雲南大学出版社, 1997; Hans Ulich Vogel, "Cowry Trade and Its Role in the Economy of Yunnan, the Ninth to the Middle of Seventeenth Century," Roderich Ptak and Dietmar Rothermund, eds., *Emporia, Commodities and Entrepreneurs in Asian Maritime Trade, c.1400-1750*, Wiesbaden: Steiner, 1991. 은 1냥의 무게는 약 31그램이다. 괄호 안에 환산의 근거가 된 정보의 출전을 기재했다.

## 패화의 붕괴

은 1냥에 상당하는 패화(貝貨) 보패의 개수는 어떻게 변천했던 것일까? 명대 이후의 각종 사료에서 수집한 바에 따르면 다음과 같이 된다.[119]

| | |
|---|---|
| 1524년 | 7,200개 (楊愼, 『滇程記』) |
| 1520년 | 4,400개 (『騰越州志』 卷5) |
| 1548년 | 7,200개 (馬德嫻, 「明嘉靖時用貝買樓房的契紙」, 『文物』 1963年 第12期) |
| 1591년 | 7,547개 (사찰에 기진(寄進)된 것을 기록한 비문. 方国瑜, 위 논문) |
| 1610년 | 10,400개 (閔洪学, 『撫滇奏草』 卷4) |
| 1615년 | 13,600개 (『廣西府志』 卷4) |
| 1625년경 | 13,339개 (謝肇淛, 『滇略』 卷4) |

| | |
|---|---|
| 1626년 이후 | 28,000개 (崇禎『鄧川州志』) |
| 1647년 | 56,000개 (康熙『新興州志』卷5) |

17세기 중반까지 보패가 화폐로서 유통되기는 했으나, 1610년경부터 은에 대비한 가치가 떨어지기 시작했고 곧 패화의 가치가 폭락하여 보패를 대신해 동전이 유통되게 된다. 그리고 명 왕조를 이어 중국을 지배하게 된 청 왕조가 윈난을 직접 통치하게 된 1680년대에 이르면 이제 보패를 화폐로 사용하는 일은 없어지게 된다. 보패는 화폐이기를 멈추고 동전으로 대치되었다.

패화가 붕괴된 원인으로서 윈난 지역으로의 보패 공급이 두절되었을 가능성을 들 수 있다. 17세기 전반에는 동유라시아의 보패 공급지였던 몰디브 제도와 류큐를 둘러싼 환경이 격변했다. 인도양에서는 16세기에 포르투갈이 몰디브를 일시적으로 영향권 아래 두면서 보패를 교역품 중 하나로 포함시키고 있었다. 그러나 직접 희망봉을 돌아 대서양까지 가는 포르투갈 선박의 수는 적었고, 포르

120 Jan Hogendorn and Marion Johnson, *The Shell Money of the Slave Trade*, Cambridge University Press, 1986.



투갈 상인은 종래 이슬람 상인이 담당했던 교역의 일부를 떠맡았던 데 불과했으므로, 보패를 둘러싼 교역을 근본적으로 뒤바꿀 힘은 없었다.

17세기에 접어들자 포르투갈 세력을 누르고 대두한 네덜란드의 동인도회사가 몰디브로부터 스리랑카 남단의 갈레(Galle)를 경유하여 대서양 방면으로 보패를 직접 반출하게 된다. 이 보패들은 주로 남아프리카에서의 노예 매매를 위해 사용된 것으로 추정된다.[120] 이제 보패는 서쪽으로만 반출되게 되어, 종래 몰디브에서 벵골을 거쳐 인도차이나 반도에서 윈난에 이르는 수량은 격감했던 것으로 보인다.

한편 류큐는 1609년의 사쓰마(薩摩) 침공을 계기로 일본의 막번체제(幕藩體制)로 편입되었는데, 이것이 보패 수출에 어떤 영향을 미쳤으리라 생각해도 좋을 것이다. 명 왕조에 바치는 공납품으로서 대량의 보패를 류큐 왕부(王府)에서 수집하던 방식이 17세기 전반에는 붕괴되었던 것으로 추정된다.

『히라도(平戶) 네덜란드 상관(商館) 일기』 1639년 8월 30일자 기

121 永積洋子 訳, 『平戸オランダ商館の日記 第4輯』, 岩波書店, 1970. 일본어 번역문에는 '다카라가이(보패)'가 아니라 '바이가이(ばい貝: 소라고둥)'라고 되어 있으나 보패를 잘못 번역한 것이다. 真栄平房昭, 「大航海時代のイギリス・オランダと琉球」, 琉球新報社 編, 『新·琉球史 古琉球編』, 琉球新報社, 1991 참조.

록에는, 네덜란드 상관이 류큐산 보패를 입수하려고 사쓰마에 파견한 인물로부터 교섭이 잘 진행되지 않았다는 보고를 받았다고 되어 있다. 같은 해 11월 17일자 기사에서는 상관이 사쓰마에 파견한 인물에게 류큐 사절이 "보패가 나는 얕은 바다나 바다 밑은 대부분 다 파헤쳐서 앞으로는 더 구할 수가 없다"고 회답했다고 적혀 있다.[121]

공급이 정체된 보패를 대신해서 청 왕조가 주조한 동전을 윈난에서 유통시키기 시작했던 것이다.

## 청대의 동전 공급

'삼번(三藩)의 난'이라는 내란을 거쳐서 1673년(강희 12년)에 청 왕조는 화남의 군벌을 제거했다. 그 2년 뒤인 1675년(강희 14년)에는 전국적인 광산 개발을 용인한다. 「구리·아연 채굴 법례(法例)」를 내려 "무릇 각 성의 구리와 백연·흑연이 나는 곳의 주민이 채굴

122 『清朝文獻通考』

123 윈난성과 구이저우성을 관할하는 장관.

124 광산을 채굴해야 마땅하다는 뜻.



을 신청하면 [그 성을 관할하는 지방관인] 총독(總督)·순무(巡撫)는 곧바로 관리를 파견하여 채굴을 감독한다"고 하는 체제를 만들었다. 1679년(강희 18년)에는 채굴된 구리와 아연의 2할을 관청에 납부하도록 했다. 채굴권은 광산 토지의 지주에게 속하는 것으로 하고, 지주에게 개발할 여력이 없는 경우에는 현지 주현(州縣)의 주민들만 개발하도록 인정했다. 치안을 유지하기 위해서 원칙적으로 구리제조업 노동자는 인근 주현으로부터만 고용할 수 있게 했다.[122]

민간을 개발 주체로 삼는다는 방침은 '청민개채(聽民開採)'라 불렸는데 1682년(강희 21년)에 윈구이(雲貴)총독[123]으로 부임한 채육영(蔡毓栄) 때에 추진되었다. 그가 제출했던 윈난 통치의 기본방침인 『주전십소(籌滇十疏)』 중의 한 조항인 「광동의개(鑛硐宜開)」[124] 가운데는 이런 대목이 있다.

> 윈난은 벽지라고는 하지만 광물자원이 풍부하다. …… 널리 [광산 개발을 추진할 사람들을] 불러 모아 현지의 부유하고 유력한 집안이나 부상(富商)·대고(大賈)에게는 광산을 개발하는 것을 인

정하고 10분의 2를 세금으로 징수한다. 청렴한 관리에게 맡겨서 징수하도록 하여 규정액 이상으로 수탈하거나 하는 폐해를 근절시킨다. 관청에서는 상인을 모집해서 광산을 개발하고, 납세액 1만 냥이 넘는 자는 임관(任官)을 허용하며 광산 개발을 한 상민(商民)으로서 납세액이 3천~5천 냥인 자는 현창(顯彰)하여 개발을 장려한다.



2할을 세금으로 납부한 뒤 남는 8할은 광산개발자가 자유롭게 매매하는 것이 허용되어 민간의 적극성을 이끌어 내고자 했던 것이다.

그러나 이런 노력에도 불구하고 17세기 후반이 되면 은정(銀錠)에 대한 동전의 상대적 가치가 폭등했다. 청 왕조의 화폐제도는 해외 무역과 원격지 교역에 사용되는 '은정'이라는 은 잉곳과 지역 내에서 순환하는 동전의 이중통화였다. 은정은 양을 재어 사용되었다. 경제를 안정시키려면 이 두 가지 통화의 균형이 유지되어야 했다. 그런데 17세기 말이 되자 은정과 동전의 환율이 균형을 잃게 된다. 제도상으로는 은 1냥 당 동전 1000문(文)으로 정해져 있었지만,

실제 환율은 780~800문이었기 때문이다.

이렇게 된 이유 중 하나는 대만에 거점을 둔 정씨(鄭氏) 정권의 재정 기반을 무너뜨리기 위해 시행하던 '천계령(遷界令)'이라는 해상 봉쇄를 1684년(강희 23년)에 해제했던 것이다. 억압되고 있던 교역이 단숨에 가속화되면서 생사, 도자기, 찻잎의 수출이 격증하자 그 대금으로서 대량의 은이 중국으로 유입되었다. 이로 인해 은 가격이 하락하면서 상대적으로 동전의 가치가 상승했던 것이다. 또 한 가지 이유는 지역경제의 성장 추세에 동전 공급이 따라가지 못했기 때문이다.

동전의 가치 상승은 동전의 밀조(密造)를 야기했다. 청 왕조는 '사주(私鑄)'라고 불린 밀조를 엄벌로 단속했지만 효과를 거두지 못했다.

동전 주조의 이익을 국가가 확보하고 밀조를 근절하기 위해 은의 유통을 관리할 필요가 있었으므로, 1705년(강희 44년)에 청 왕조는 '방본수동(放本收銅)'이라는 정책으로 전환했다. 나라가 강제적으로 동광산 경영자에게 자본을 지급하고, 정련된 구리의 2할을 종래와 같이 세금으로 거둘 뿐더러, 나라가 자금을 냈다는 이유로 나머지 8할까지 '관동(官銅)'이라고 해서 관료가 염가로 매입하게 했던 것이다.

그런데 이 '방본수동' 정책은 오히려 윈난의 동광산을 쇠퇴시키게 된다. 광산 경영자는 자금이 부족하지 않더라도 강제로 정부의 자금을 받아들여야만 한다. 지급액은 고정되었기 때문에, 광산 주위의 나무가 줄어들어 정련용 탄(炭)의 가격이 오르더라도, 또 노동자가 많이 모여 식료 가격이 폭등하더라도 늘려주지 않는다. 관료들은 세금을 징수해갈 때 구리 품질이 나쁘다느니 하는 구실을 내세워 더 많은 양을 가져가려 한다. 게다가 생산된 구리를 자유롭게 판매하는 것도 허락되지 않는다. 지겨워진 경영자는 구리 광맥이 고갈되었다는 등 이유를 붙여서 동광산을 폐쇄하게 되었던 것이다.

[부족분을 보완해 주었던 – 역자] 일본으로부터의 구리 수입이 제한되자 청 왕조는 동전 원료를 확보하기 위해 윈난의 동광산에

125 진홍모에 대해서는 上田信, 「清代行政文書から見える社会－陳弘謀」, 吉田光男 編, 『東アジアの歴史と社会』, 放送大学教育振興会, 2010 참조.





대한 정책을 변경할 수밖에 없었다. 우선 1723년(옹정 원년)에 관동을 매수할 때 수수료 등의 요구를 엄금했고, 1727년(옹정 5년)부터 1762년(건륭 27년) 사이에 5회에 걸쳐 단계적으로 관동의 매입가격을 인상했다. 이 조정기에 윈난 포정사(布政司)라는 행정장관을 맡았던 진홍모(陳弘謀)는 1738년(건륭 3년)에 매입가격을 100근 당 5만 1528냥으로 인상하는 동시에 다음과 같은 통달을 내렸다.[125]

> 윈난성의 은, 구리, 아연, 주석 등을 산출하는 창(廠: 작업현장)에서는 동민(硐民: 광업노동자)이 밑천을 대고 노동력을 제공해 큰 성과를 거두어 왔다. 그러나 관청에 이익을 빼앗기거나 창의 부정을 조사한다는 구실로 위협을 받거나 기만당하거나 한다. 온갖 간계가 징세를 방해하고 백성을 괴롭히고 있다. 최근에 총독과 순무가 창의 폐해를 깊이 이해하고 엄금령을 내리셨다. 본 포정사는 창에 관한 업무를 총괄하면서 폐해를 단절하고 창을 융성케 함으로써 나라에 바칠 구리를 늘리고 백성에게 이익을 주고자 한다.

구리 생산량의 일부를 판매하도록 허용한다는, 진홍모의 규제 완화는 1773년(건륭 38년)에 제도화된다. 생산량의 1할을 '통상동(通商銅)'으로 해서 자유롭게 판매하는 것을 경영자에게 인정했던 것이다. 동전의 원료를 확보해야만 하던 상황에서 관민유착이 진행되면서 구리의 생산량은 비약적으로 신장되어 1770년대에 정점에 달해 연간 1400만 근(약 8355톤)을 기록했다.

18세기 윈난에서 구리 생산이 급증하자 구리를 생산하기 위해 윈난의 산림은 황폐해져 갔다. 구리 1kg을 정련하는 데 10kg의 목탄이 필요했다. 18세기에 연 평균 5000톤의 구리가 생산되었으니 목탄을 굽기 위해 채벌된 나무의 양은 막대한 수치였다.

## 보패의 경제이론

윈난이라는 장을 매개로 환경과 제국을 결합시키고자 했을 때, 보패가 화폐로서 매우 오랜 기간에 걸쳐 이용되고 있었던 이유를 논리적으로 고찰할 필요가 있다. 보패의 경제이론을 고찰하기 위해 나의 지인이 목격했던 정경(情景)에서부터 이야기를 시작해 보면 어떨까 싶다.

그 지인은 몇 년 전에 티베트의 벗을 찾아가면서 오키나와의 토산물 가게에서 싼 값에 파는 보패로 된 병 받침을 선물로 사갔다. 약 100개의 환문조개를 실로 이어 나선형으로 만든 원반형 받침이었다고 한다. 이 선물을 건네자 티베트 친구는 몹시 기뻐하면서 바로 그 자리에서 실을 끊어 보패를 흩어놓고서 그곳에 함께 있던 사람들과 여러 개씩 균등하게 나눠가졌다. 보패를 받은 티베트 사람들은 마치 보물을 얻은 듯이 감사하면서 돌아갔다고 한다.

이 정경으로부터 무엇을 읽어낼 수 있을까? 하나는 보패를 쉽게

126 池田均·淤見慶宏,『タカラガイ·ブック』, 東京書籍, 2007.



입수할 수 있는 오키나와와 거의 보기조차 힘든 티베트 고원에서 조개의 가치가 다르다는 점일 것이다. 오키나와에서는 희소성이 낮기 때문에 값싼 선물인 보패가 티베트에서는 희소성이 높아서 대환영을 받았던 것이다. 또 하나는 100개 정도의 보패가 균일했기 때문에 선별해서 나눌 필요도 없이 균등하게 분배할 수 있었다는 점이다. 다른 종류의 보패가 섞여 있다거나 크기에 차이가 있다거나 했으면 조개들의 가치를 헤아려서 나눠야 하므로 상당히 번잡해졌을 것이다. 균일하기 때문에 쉽게 개수만 세면 됐던 것이다.

이러한 희소성과 균일성의 균형 속에서 보패는 경제적인 재화로서 기능한다. 동유라시아 각지에서 보패를 볼 기회가 있었지만 거의 대부분이 환문조개로서 길이 24mm 전후로 균일했다. 인도양 전역에서 태평양 미크로네시아 해역까지 분포하는 환문조개는 조간대(潮間帶)의 암초나 산호초 등 해조류로 뒤덮인 암초에 서식한다. 껍질의 길이는 세계적으로 8.9mm부터 37.4mm까지 상당한 차이가 있다.[126] 보패의 공급지에서 이미 균일한 것이 선별되어 채취해서 먼 곳까지 운반되고 있었던 것이다.

보패는 산지에서 멀어짐에 따라 희소성이 증가하는 동시에 가치도 상승한다. 인도차이나 반도에 들어가면 패화로 사용되고 윈난의 산속으로 접어들면 여성들의 나들이옷을 장식하게 된다. 티베트 고원에서는 종교적 의례의 장에 등장하고 이보다 더 먼 몽골 고원이나 퉁구스계 민족의 세계에서는 샤먼의 의례복이나 주물(呪物)에 사용된다. 희소성이 일정한 틀 안에 들어왔을 때 보패는 패화로 쓰이게 되는 것이다.

17세기의 패화 붕괴 과정을 염두에 둘 때, 균일성·희소성 이외에 또 한 가지 요소가 화폐의 조건임이 분명해진다. 바로 지속성이다. 화폐가 되는 물자가 장래에 계속 공급될 전망이 사라졌을 때 그 물자는 화폐이기를 멈춘다. 공급이 지체되면 희소성은 상승한다. 그러나 이를 예측한 사람들은 가격이 더 상승할 것을 기대하여 화폐로 사용하지 않고 보관한다. 화폐로서의 편리성은 상실되고 공급량이 회복될 전망이 없다는 인식이 확대되면 그 물자는 화폐로서의 자격을 상실하는 것이다.

제국은 자기 영역의 화폐가 갖는 지속성을 유지하기 위해 그 영역 외부로 확대된 세력권으로부터도 그 물자를 계속 수입하려 한다. 원이라는 제국 하에서는 몰디브 등이 그 공급지가 되어 그곳의 환경으로부터 특정한 규격의 보패가 대량으로 채집되었다. 명 왕조에서는 류큐가 공급지로 자리매김되어 류큐 해안의 보패는 17세기 전반이 되면 거의 다 채집되었다는 말이 나올 정도에 이르렀다. 제국이 영역 밖의 환경을 간접적으로 뒤바꿔 버렸기 때문에 청 왕조는 동전 공급의 지속성을 유지하기 위해서 윈난에서 동광산 개발을 추진했고 그것이 윈난 산림의 황폐화를 초래하는 결과를 낳았던 것이다.

# 참고문헌

【일본어】

飯島渉,『ペストと近代中国』, 研文出版, 2000.

上田信,『森と緑の中国史—エコロジカル·ヒストリーの試み』, 岩波書店, 1999.

上田信,『トラが語る中国史—エコロジカル·ヒストリーの可能性』, 山川出版社, 2002.(우에다 마코토, 김경호 옮김,『호랑이가 말하는 중국사』, 성균관대학교출판부, 2008)

上田信,『海と帝国—明清時代』(中国の歴史 9), 講談社, 2005.

加藤久美子,『盆地世界の国家論—雲南·シプソンパンナーのタイ族史』(京都大学東南アジア研究センター地域研究叢書 11), 京都大学学術出版会, 2000.

川田順造·大貫良夫 編,『生態の地域史』(地域の歴史 4), 山川出版社, 2000.

岸本美緒 外編, 『東アジア·東南アジア伝統社会の形成』(岩波講座世界歴史 13), 岩波書店, 1998.

岸本美緒, 『東アジアの「近世」』(世界史リブレット 13), 山川出版社, 1998.

木村靖二·上田信 編, 『人と人の地域史』(地域の歴史 10), 山川出版社, 1997.

新谷忠彦 編, 『黄金の四角地帯—シャン文化圏の歴史·言語·民族』, 慶友社, 1998.

中見立夫 編, 『境界を超えて—東アジアの周縁から』(アジア理解講座 1), 山川出版社, 2002.

濱下武志 編, 『東アジア世界の地域ネットワーク』(シリーズ国際交流 3), 山川出版社, 1999.

古島琴子, 『攀枝花の咲くところ—雲南タイ族の世界』, 創土社, 2001.

見市雅俊 外編, 『疾病·開発·帝国医療—アジアにおける病気と医療の歴史』, 東京大学出版会, 2001.

【중국어】

劉光平,『逝去的塩都·黑井』, 雲南美術出版社, 2003.

王玉德·張全明 等著,『中華五千年生態文化』(上·下), 華中師範大学出版社, 1999.

張增祺,『雲南冶金史』, 雲南美術出版社, 2000.

趙岡,『中国歷史上生態環境之変遷』, 中国環境科学出版社, 1996.

周紅傑 主編,『雲南普洱茶』, 雲南科技出版社, 2004.

【 영어 】

Carol Benedict, *Bubonic Plague in Nineteenth-Century China*, Stanford University Press, 1996.

Mark Elvin and Liu Ts'ui-jung, eds., *Sediments of Time: Environment and Society in Chinese History*, Cambridge University Press, 1998.

Mark Elvin, *The Retreat of the Elephants: an Environmental History of China*, Yale University Press, 2004.(마크 엘빈, 정철웅 옮김, 『코끼리의 후퇴: 3천년에 걸친 장대한 중국 환경사』, 사계절, 2011)

# 역자후기

이 책은 '생태환경사'라는 관점에서 '동유라시아'의 역사를 조망한 시론적인 교양서다. 원저는 『東ユーラシアの生態環境史』로서 2006년 야마카와출판사(山川出版社)에서 간행된 것(세계사 리블렛 83)이며, '보론'인 「환경과 제국: 보패의 생태환경사」는 「タカラガイ・雲南・帝国」(『歴史学研究』 937, 2015)을 추가로 번역한 것이다. 저자인 우에다 마코토는 일본 도쿄대학 인문과학연구과를 졸업하고 현재 도쿄의 릿쿄(立教)대학 문학부 사학과에서 중국사회사와 아시아사회론을 가르치고 있다. 우에다는 이미 『호랑이가 말하는 중국사』(성균관대학교출판부, 2008: 원저 2002)의 저자로서 국내에 소개된 바 있다. 중국 푸젠성 등지에 서식하다 멸종된 아모이 호랑이를 주인공으로 삼은 위 책의 부제는 '생태환경사(ecological history)의 가능성'이다. 이전의 저작인 『숲과 나무의 중국사』(森と緑の中国史, 岩波書店, 1999)도 '생태환경사의 시도'라는 부제를 달고 있었다. 이 책은 이러한 저작들의 연장선상에 자리잡고 있는 것이다.

저자는 기존의 '환경사(environmental history)'가 인간과 자연의

영역을 구분하는 반면 '생태환경사'는 인간과 자연을 관통하는 물질과 에너지의 흐름에 주목하여 양자를 하나의 시스템으로 파악한다는 점에서 서로 다르다고 주장한다. 『호랑이가 말하는 중국사』가 화자를 굳이 아모이 호랑이로 설정한 것도 자연을 객체화하는 '인간중심주의'로부터 탈피하려는 시도였다. 우에다는 생태환경사의 시각으로 중국사를 재조명하는 한편 이와 관련된 사회운동에도 적극적으로 나선다. 중국에서 녹화사업을 추진 중인 일본 NPO 법인(法人) '녹색 지구 네트워크(緑の地球ネットワーク)'의 일원으로서 정력적인 활동을 펼치고 있으며, 일본 시즈오카(静岡)현 지역에서의 휴경지 재생운동 등 '지속가능한 개발을 위한 교육'(ESD: Education for Sustainable Development) 관련 활동에도 참여하고 있다. 그의 역사 연구는 현장체험으로부터의 피드백에 입각해 있는 것이다. 이 책 역시 저자의 현지답사와 생활을 근거로 해서 저술되었다. 읽으면서 생생한 여행기 같은 느낌을 받게 되는 것도 그 때문이다.

한편 「한국어판 서문」에서 상세히 지적하듯이 이 책에서는 저자가 2005년 이래 사용하기 시작한 '동유라시아(East Eurasia)'라는 지정학적/지문화적 공간인식의 틀이 구체화되어 있다. 종래 일본 중국사 연구의 주류였던 '동아시아'라는 공간인식의 틀이 중국의 앞면만 바라본 것이라면 그 뒷면과 옆면인 중앙아시아·시베리아·동남아시아까지 포괄하는 인식틀의 필요성을 제기한 것이다. 윈난성을 중심으로 한 차·소금·구리·보패라는 물자의 흐름과 인간사회의 상호작용을 분석함으로써 육지와 바다의 유라시아사를 재구성하려 한 것이 이 책의 가장 중요한 모티브라 할 것이다.

우에다의 설명에 따르면 '동유라시아'라는 인식틀은 일본 학계에서 점차 시민권을 획득해 나가는 듯하다. 반면 한국에서는 '동북아'나 '동아시아'라는 틀이 아직 주류를 점하고 있지만, 최근에 약간의 변화는 일어나고 있는 것 같다. 우선 정치학의 국제관계론 분야에서 역사적/문명론적 접근을 지속적으로 시도해 왔던 김명섭의 경우, 마크 엘리어트(Mark Elliott)나 피터 퍼듀(Peter Perdue) 등 미국의 '신청사(新清史, New Qing History)' 연구로부터 자극을 받아 '유라시아,

적어도 동유라시아'라는 지정학적 틀의 필요성을 제기했다. 그는 '자기표준에 입각한 동심원적 세계인식'을 용이하게 해준다는 점을 이 틀의 장점으로 꼽고 있는데(「동북아 문명충돌과 씨알의 지정학」, 『기독교사상』 678, 2015), 이 책 4장에서 저자가 제시한 (다리 중심의) 동유라시아 지도를 연상시킨다. 또 '동유라시아'적 시각의 필요성이 '주권의 지정학'에서 '인권의 지정학'으로의 패러다임 전환을 촉구하는 가운데 제기되고 있다는 점은 국경을 뛰어넘는 생태환경에 주목하는 이 책의 문제의식과도 상통하는 대목이다.

역사학계에서도 '동아시아'에서 '동유라시아'로 시야를 확대할 필요성이 언급되기 시작했다. 티베트·몽골사 연구자 김성수는 우에다의 문제제기를 가장 이른 시점에서 수용한 사례다. 그는 한국 동아시아론의 쟁점과 역사교육의 실례를 정리한 글(「동아시아론의 전개와 역사 텍스트 속의 동아시아」, 『역사교육』 102, 2007)에서, 명청대 중국을 설명하려면 '중화제국을 중심으로 성립된 동아시아라는 틀'을 뛰어넘어 '몽골제국의 유산'에 주목하면서 동유라시아라는 틀을 도입해야 한다는 우에다의 제안(『바다와 제국』, 2005)을 적극적으로 받아들였다. 그 연장선상에서 최근에는 '동부 유라시아'라는 용어를 사용한 바 있다(「동부 유라시아의 원수대기(元帥大旗): 독(纛), 톡(Tugh), 툭(thug)의 유전(遺傳)」, 한국몽골학회 국제학술대회, 2015). 청대사 연구자인 구범진도 청제국의 다중성에 주목하면서 '동유라시아'를 제언한다. 그는 18세기의 청제국이 종래 강조되어온 '조공(책봉)체제' 외에도 '호시(互市)체제', '조약체제', '번부(藩部)체제'로 구성된 '다중체제'였으며, 중앙아시아·러시아 등과의 관계까지 포함한 이 체제를 표현하려면 '동아시아'보다 '동유라시아'라는 용어가 더 적절하다고 주장했다(「동아시아 국제질서의 변동과 조선-청 관계」, 이익주 외, 『동아시아 국제질서 속의 한중관계사』, 동북아역사재단, 2010). 그는 미국의 '신청사' 연구와 함께 스기야마 기요히코(杉山清彦) 등 일본의 '대청제국사(大清帝國史)' 연구로부터 자극을 받고 있다. 또한 일본 도쿠가와 시대의 군기(軍記)문학을 통해 전쟁의 미시사를 정력적으로 고찰하고 있는 김시덕의 경우에도 '동부 유라시아' '유라시아 동부'

라는 용어를 사용하고 있다(『동아시아, 해양과 대륙이 맞서다』, 메디치미디어, 2015). '동아시아'에서 '동유라시아'로 시야를 확대하려는 이러한 시도들이 향후 어떻게 전개될는지 자못 궁금해진다.

이처럼 이 책은 생태환경의 문제에 역사적으로 접근한 대중적 교양서인 동시에 공간인식의 틀과 관련된 시론적 문제제기의 책이다. 역자는 동유라시아라는 인식틀의 문제보다 환경사 서술의 방식에 더 주목한 편이다. 2011년의 3.11 이후 독일 등을 중심으로 유럽과 세계로 확산된 반핵운동 및 그 제도화의 방향과는 정반대의 역주행을 거듭하고 있는 동아시아의 현 상황에서 환경의 문제를 역사적으로 접근하는 시도는 중요하고 시급하다고 보기 때문이다. 이 책은 중국 윈난성을 중심으로 전개된 물류(物流)와 인류(人流)의 복합적인 양상을 장기지속적 관점에서 개관하고 있어 환경사 서술의 실제를 맛볼 수 있게 한다. 아울러 그 서술이 저자의 철저한 자료 섭렵과 현장 조사에 근거해서 이루어지고 있다는 점, 저자가 역사연구와 환경운동·환경교육과의 접점을 끊임없이 모색하고 있다는 점도 큰 미덕이 아닐 수 없다.

여러모로 미흡한 번역이지만 앞으로 다양한 환경사의 시도들이 모색되는 데 조금이나마 보탬이 될 수 있기를 기대해 본다. 너무 오랫동안 기다려주신 저자와 편집부 여러분께 죄송한 감사의 말씀을 드린다. 번역작업이 끝나갈 무렵에 몰아닥친 이 고통스러운 상실의 시대가 시급히 끝나기를, 아니 이 오욕의 광풍을 영원히 끝내기를 기원하고 다짐할 뿐이다.

2016. 11. 15

형광등 백 개를 비웃는 슈퍼문의 아우라 밑에서

# 동유라시아 생태환경사

**초판 1쇄 발행일** 2016년 12월 07일

**지은이** 우에다 마코토
**옮긴이** 임성모
**펴낸이** 박영희
**편집** 김영림
**디자인** 박희경
**마케팅** 임자연
**인쇄 · 제본** 태광인쇄
**펴낸곳** 도서출판 어문학사
서울특별시 도봉구 쌍문동 523-21 나너울 카운티 1층
대표전화: 02-998-0094/편집부1: 02-998-2267, 편집부2: 02-998-2269
홈페이지: www.amhbook.com
트위터: @with_amhbook
페이스북: www.facebook.com/amhbook
블로그: 네이버 http://blog.naver.com/amhbook
다음 http://blog.daum.net/amhbook
e-mail: am@amhbook.com
등록: 2004년 4월 6일 제7-276호

**ISBN** 978-89-6184-424-6 03910
**정가** 12,000원

이 도서의 국립중앙도서관 출판예정도서목록(CIP)은 e-CIP홈페이지(http://www.nl.go.kr/ecip)와
국가자료공동목록시스템(http://www.nl.go.kr/kolisnet)에서 이용하실 수 있습니다.
(CIP제어번호: CIP2016028586 )

※잘못 만들어진 책은 교환해 드립니다.

## 인구로 읽는 일본사

키토 히로시 지음
최혜주·손병규 옮김
332쪽 | 152*225 | 18,000원

이 책은 일본 인구의 역사에 대한 내용을 담고 있다. 과거 일본의 인구 변화에 따라 시대를 구분하고, 각 시대에 따른 사회·경제의 모습을 살펴보는 것이다. 인구가 어떻게 변화했는지 그 사이클을 조사하고, 그러한 과정 안에서 인구와 문명, 인구와 환경의 관계를 알기 쉽게 재해석하고 있다. 저자인 키토 히로시는 그러한 일본의 인구사를 토대로 왜 현재 인구정체·감소라는 불안정한 국면에 접어들게 되었는지에 대한 원인과 1만 년에 걸친 인구정체·감소의 순환과정과 현대 산업문명의 연관성, 그리고 장기적인 관점에서 어떠한 해결방안을 모색해야 할 것인가에 대해 말하고 있다.

**어문학사**, 한 권의 책, 만 번의 즐거움

어문학사 홈페이지(www.amhbook.com)와 블로그를 방문하시면 더 많은 정보를 볼 수 있습니다.

티베트족 가정을 방문하면 으레 대접받게 되는 차가 바로 버터차다. 차를 마시면서 생각했다. 버터는 이 집에서 직접 만들지만, 찻잎과 소금은 윈난성 서북부에는 나지 않는다. 더운 물을 끓이고 있는 구리 주전자도 외부에서 가져온 것일 게다. 버터, 찻잎, 소금, 그리고 물을 담은 구리 주전자는 각각 어떻게 만들어져서 어떤 루트를 따라 지금 이 한 잔의 버터차 향기를 빚어내고 있는 것일까? 이런 의문에 답하려면 생태환경과 인간의 관계를 주시하면서 장대한 교역의 발자취를 더듬어볼 필요가 있을 것이다. 향기로운 버터차 한 잔을 홀짝이며 나의 뇌리에는 동유라시아 생태환경사라는 큰 틀이 점차 모습을 드러내기 시작했다.

(머리말에서)

값 12,000원

ISBN 978-89-6184-424-6